ANTOINE NICOLAS

– Tuez-les

Alors qu'

crampons et de coudes descend le terrain dans sa direction, il continue à crier :

– Pulvérisez-les ! Écrabouillez-les ! Arrêtez-les !

Il sait ce qui va se produire bientôt. Quelqu'un va s'échapper de cette masse furieuse et lui décocher un tir. S'il ne l'arrête pas, si la balle échoue au fond des filets, l'auteur du tir passera pour un héros. Et Algie pour un idiot. Un raté. Une chiffe molle de gardien qui ne sait pas se servir de ses mains. Et s'il saisit le ballon et empêche l'autre équipe de marquer ? Il lui restera à le renvoyer sur le terrain et la partie continuera comme avant. Même s'ils l'emportent, sera-t-il, lui, Algie Green, porté aux nues ? Reconnu comme le héros qui a permis la victoire de son équipe ? Non. Le héros sera celui qui a marqué le but de la victoire. Mais si son équipe perd, il sait ce qu'ils penseront. C'est la faute du gardien, voilà ce qu'ils penseront. C'est lui qui a laissé l'autre équipe mettre tous ses ballons au fond des filets. Algie déteste le football.

Sont parus dans cette série :

1. Horreur à la cantine
2. Le virage de l'Homme Mort
3. La revanche du squelette
4. Le cycliste hideux
5. Une équipe d'enfer
6. Le camp maudit

ECOLE DE LA PEUR

Une équipe d'enfer

Tom B. Stone

Traduit de l'américain par
Alain Jost

Éditions HEMMA

Sommaire :

Graveyard School ™
Titre original : SCREAM, TEAM !

Published by arrangement with BANTAM DOUBLEDAY DELL
Books for Young Readers,
a division of Bantam Doubleday Dell Publishing Group, Inc., New-York,
New-York, U.S.A.

ISBN édition originale : 0-553-48488-5

Pour l'édition en langue française :

ISBN : 2-8006-6761-3
Dépôt légal : 01.99/0058/016
N° d'impression : 37139807
Printed in EC
Édition 3.99

Chapitre 1

Le gardien récalcitrant

– Tuez-les ! C'est une façon de parler, bien sûr.

Le docteur Morthouse, proviseur de l'École du Bosquet, sourit à l'assemblée des élèves.

– Les perdants n'ont pas leur place chez nous, ajoute-t-il.

Il sourit plus largement encore. Quelque chose d'argenté brille dans sa bouche.

Les élèves de première année, à l'avant de la salle, frissonnent dans leur fauteuil. Ils croient toujours à la légende selon laquelle cette lueur serait celle d'une dent crochue.

Les élèves plus âgés ne gobent plus ce genre d'histoire. Enfin, pas vraiment... Mais tous utilisent, pour désigner l'étrange établissement qu'ils fréquentent, le surnom d'École du cimetière.

Algernon Green, assis à l'arrière entre Tyson

Walker et Kristin Bjorg et entouré des autres élèves de sixième année, frissonne à son tour.

– Elle parle sérieusement ? murmure-t-il.

– Absolument, dit Kristin.

– Jamais vu une école qui tient des assemblées générales pour motiver son équipe de foot ! dit Algie. Ou pour motiver n'importe qui, d'ailleurs.

– On est les meilleurs ! déclare Tyson. On a battu tout le monde l'an dernier et on a pu participer à la coupe du comté.

Le docteur Morthouse quitte la tribune et M. Bryant, entraîneur de l'équipe et directeur athlétique de l'école, prend le micro.

– Bon sang ! dit Algie en se tassant sur son siège.

L'entraîneur Bryant ne pourrait passer pour un individu normal que sur la planète Mars. Pourtant, personne ne semble le remarquer. Il en va de même pour tous les étranges personnages et les étranges événements qui contribuent à donner son surnom à l'école, tout autant que le vieux cimetière sur la colline. Les élèves acclament bruyamment l'entraîneur tandis qu'il tapote le micro. C'est un homme corpulent, qui n'a presque pas de cou pour séparer sa tête en forme d'obus de ses larges épaules. Comme d'habitude, il porte un drôle de chapeau à carreaux enfoncé très bas sur son front.

– Merci ! dit-il. Toute équipe sportive a besoin de supporters et les Tigres du Bosquet ont bien de la chance d'en avoir d'aussi bons.

Des gloussements s'élèvent dans la salle. L'entraîneur lance un regard aux élèves, puis poursuit :

– L'an dernier, nous avions une équipe gagnante...

Les acclamations éclatent.

– ... Et nous en aurons une cette année encore ! Donc, ne manquez pas la partie contre les Ours de Belville.

Gloussements, ricanements et rires francs emplissent la salle et le visage du docteur Morthouse se fend d'un sourire particulièrement aveuglant.

– C'est pour ce samedi, à l'académie de Belville, précise l'entraîneur. Accompagnons donc nos Tigres tout au long d'une nouvelle saison victorieuse !

Salué par une nouvelle salve d'acclamations, l'entraîneur Bryant descend de la tribune. Le docteur Morthouse s'empare du micro.

– Merci, monsieur l'entraîneur. Je voudrais demander aux membres de l'équipe de football de se lever pour que nous puissions les applaudir bien fort.

Tout le monde acclame les Tigres debout devant leurs fauteuils. Tyson, qui est un avant-centre rapide comme l'éclair, et Kristin, dernier rempart de la défense, se sont dressés d'un bond. Non seulement ils sont les meilleurs joueurs de l'équipe, mais aussi ses deux capitaines. Car l'équipe est mixte. C'est chose courante aux États-Unis, dans les équipes de juniors. Kristin se penche pour prendre le bras d'Algie.

– Allons, lève-toi ! dit-elle. Tu es membre de l'équipe, toi aussi.

– Non, proteste Algie. Vous réussirez peut-être à me faire jouer gardien de but, mais pas à me faire lever.

Il se trompe. Tyson le saisit sous un bras, Kristin sous l'autre et, avant qu'Algie réalise ce qu'il lui arrive, il est hissé sur ses pieds entre eux deux.

– Souris ! siffle Tyson.

Algie se renfrogne. Quand les vivats s'arrêtent, ses coéquipiers le libèrent et il retombe sur son siège. Il n'arrive pas encore à croire qu'il a laissé Tyson et Kristin le convaincre de jouer gardien de but. Il est joueur de base-ball, pas de football ! Son rêve, c'est devenir premier lanceur pour l'équipe de base-ball des Tigres. Et si quelque chose de terrible arrivait à ses mains ? Si un gros et stupide joueur de football lui décochait un coup de pied et brisait ses doigts ? Sa carrière de joueur de base-ball serait terminée avant même d'avoir commencé. Ça peut arriver ! se dit-il sombrement. Peu importe ce que prétendent Tyson et Kristin, ça peut arriver ! Le football est un jeu très dangereux. Un gamin peut se faire massacrer sur le terrain. Surtout s'il est gardien de but !

– Tuez-les ! crie Algie Green. Massacrez-les !

Alors qu'une masse mouvante de pieds, de crampons et de coudes descend le terrain dans sa direction, il continue à crier :

– Pulvérisez-les ! Écrabouillez-les ! Arrêtez-les !

Il sait ce qui va se produire bientôt. Quelqu'un va s'échapper de cette masse furieuse et lui décocher un tir. S'il ne l'arrête pas, si la balle échoue au fond des filets, l'auteur du tir passera pour un héros. Et Algie pour un idiot. Un raté. Une chiffe molle de gardien qui ne sait pas se servir de ses mains. Et s'il saisit le ballon et empêche l'autre équipe de marquer ? Il lui restera à le renvoyer sur le terrain et la partie continuera comme avant. Même s'ils l'emportent, sera-t-il, lui, Algie Green, porté aux nues ? Reconnu comme le héros qui a permis la victoire de son équipe ? Non. Le héros sera celui qui a marqué le but de la victoire. Mais si son équipe perd, il sait ce qu'ils penseront. C'est la faute du gardien, voilà ce qu'ils penseront. C'est lui qui a laissé l'autre équipe mettre tous ses ballons au fond des filets. Algie déteste le football. Il le déteste encore plus quand Tyson se dégage, juste comme Algie le redoutait. Ses pieds survolant le terrain, Tyson dribble tous ses adversaires dans un mouvement plus rapide que le regard. Algie a tout juste le temps de se demander comment Tyson peut courir si vite sans perdre ce stupide gros ballon blanc et noir. Déjà, il est à bonne distance pour tirer. Trop tard maintenant pour implorer la providence. Algie se recroqueville. De quel côté Tyson va-t-il envoyer le ballon ? Va-t-il feindre de viser la gauche et tirer à droite ? Ou envoyer un tir tendu dans le coin supérieur du but ? Mais quel coin supérieur ? Et de quel pied va-t-il se servir ? À l'ultime seconde, Kristin, qui joue en position de libero dans l'équipe d'Algie, fond sur Tyson. Merci bien, se dit Algie. Où restais-tu alors que j'avais tant besoin de toi ? Le libero constitue le dernier rempart entre le goal et l'équipe adverse. Kristin est celle qui comble les lacunes de la défense et fait le ménage devant le but ; la préposée au nettoyage. Mais elle était remontée vers le milieu du terrain, où Tyson l'a laissée sur place. Cependant, elle est très rapide. Peut-être... se dit Algie.

– Arrête-le ! hurle-t-il alors qu'elle s'abat sur Tyson.

Comme Tyson, Kristin est un as du football. Elle est sans peur et possède une endurance quasi surnaturelle. Elle se montre si habile qu'elle ne commet pratiquement jamais de fautes. « Le cerveau avant la force brutale », voilà sa devise. Et aussi : « Garde la tête froide pour que les autres perdent la leur. » Neuf fois sur dix, Kristin arrête n'importe qui déboulant vers le but. Peut-être réussira-t-elle cette fois encore ? Mais Kristin a encore un pas de retard sur Tyson quand il arme son tir et décoche un boulet de canon vers la cage. Sans même réaliser ce qu'il fait, Algie bondit. Toute sa haine pour tout jeu qui n'est pas du base-ball est concentrée dans ce bond. Ses doigts effleurent le ballon qui est dévié en hauteur. Algie perd l'équilibre en retombant lourdement au sol.

Instinctivement, il se recroqueville pour protéger son ventre. La pointe d'une chaussure entre en contact avec ses côtes. Il pousse un grognement de douleur tout en souhaitant avoir les piquants d'un porc-épic. Il en enfoncerait un dans l'orteil qui vient de le frapper. Un corps s'affale sur le sien.

– Aoouuu ! gémit-il.

– Gardien de but ? fait l'entraîneur Bryant.

Sa question signifie :

– Tu es indemne, n'est-ce pas ? Tu as sacrément intérêt à l'être.

– Il t'a bloqué net, Tyson ! dit Kristin. Tu vois ? Je t'avais dit qu'il ferait un bon gardien. Allons, Tyson, bouge-toi, voyons ! Relève-toi, Algie !

– Hé, désolé pour l'atterrissage un peu brutal, dit Tyson. Bel arrêt !

– Tu parles de mes côtes qui ont arrêté ton pied ? grogne Algie, en poussant Tyson de côté pour se redresser péniblement.

Tyson n'a pas l'air de comprendre.

– Laisse tomber, soupire Algie.

– Green, va chercher le ballon ! dit l'entraîneur.

– Quoi ? Mais c'est Tyson qui a envoyé ce tir ! s'écrie Algie avec indignation.

– C'est le boulot du gardien ! réplique l'entraîneur d'un ton qui n'admet pas de réplique.

Tyson sourit. Algie montre les dents, mais il s'en va rechercher le ballon. Il marche lentement, traînant autant que possible dans l'espoir que l'entraîneur dise :

– C'est bon, les gars. Fin de la bagarre. Fin de l'entraînement.

Mais l'entraîneur Dare Bryant ne renonce jamais. Il les fait toujours travailler jusqu'à la nuit noire, longtemps après que les autres équipes ont fini de s'entraîner. Longtemps après que le dernier adepte intrépide du skate-board a arrêté ses évolutions sur la colline, derrière le cimetière. Enfin, comme des parents impatients commencent à jouer du klaxon sur le parking, l'entraîneur se résigne à donner le coup de sifflet final.

– OK, les gars, c'est tout pour aujourd'hui, grogne-t-il. Rendez-vous samedi au parking, à neuf heures pile. Le car n'attendra pas les retardataires. Et surtout, je ne veux pas d'entorse aux règles d'entraînement : nourriture saine, pas de coucher tardif, pas d'exercices sportifs où on risque des fractures.

– Parce que le football n'en est pas un ? murmure Algie.

L'entraîneur lui décoche un regard perçant et Algie se fige. Mais Dare Bryant se contente d'enfoncer son chapeau plus bas sur ses sourcils en forme de chenille velue, puis il quitte le terrain à grands pas. Les Tigres du Bosquet s'éparpillent à sa suite.

– Et que se passera-t-il si je manque l'autocar ? demande Algie.

Tyson rit bruyamment, comme s'il s'agissait d'une plaisanterie. En soupirant, Algie suit Tyson et se glisse sur la banquette arrière de la camionnette des Walker. Il s'y affale, épuisé. Tandis que Tyson régale son père d'une série d'histoires de foot, Algie colle avec lassitude son nez à la vitre et regarde la silhouette massive de l'École du Bosquet se fondre lentement dans la nuit. Alors que la camionnette prend un tournant et que l'école disparaît tout à fait, quelque chose semble briller furtivement dans l'obscurité. Quelque chose d'argenté, au-dessus de l'école, là où l'ancien cimetière s'étale sur le flanc de la colline. Algie cligne des yeux. Il a entendu des rumeurs au sujet d'une tombe qui s'illuminerait la nuit. Et ce ne sont pas les seules rumeurs qu'il a entendues. L'École du cimetière a une étrange réputation. Et elle la mérite largement. À vrai dire, Algie n'a pas seulement entendu des rumeurs. Il a été mêlé à des événements étranges qui justifient le surnom de l'école. Il tremble à l'horrible souvenir du moment où... Mais non. Il s'est juré de ne plus en parler, de ne plus y penser. La camionnette des Walker s'immobilise devant sa maison. Une joyeuse lumière jaune brille derrière les fenêtres. Pas de sinistre reflet argenté ici.

– Allons, Green, souris ! dit Tyson en donnant à Algie un amical coup de poing sur le bras. Attends d'avoir disputé ta première véritable partie. Tu seras accro pour le restant de tes jours.

– Ouais, d'accord ! dit Algie. En tout cas, merci pour la course.

Il sort de la camionnette et remonte l'allée en direction de la porte de cuisine tandis que la camionnette s'éloigne. Il a presque atteint la porte quand un bruit retentit derrière lui. Il se retourne.

– Qui est là ?

Pas de réponse. Un silence irréel s'est installé.

– Ho... Holà ?

– GRRRRRRRRRRR !

Une ombre jaillit des ténèbres et fonce vers lui, gagnant en vitesse et en taille. Algie voit de petits yeux brillants et d'énormes dents luisantes de bave... Déjà, le monstre est sur lui. Algie tombe et se laisse rouler au sol dans le pur style gardien de but, trop terrorisé pour hurler. Il roule encore et encore et se débat, la chose agrippée à lui jouant avec sa tête comme si c'était un ballon. Il est condamné, fichu. Il va mourir. La porte de la cuisine s'ouvre soudain. Et la chose disparaît. Algie ouvre les yeux et voit une ombre gigantesque et difforme. L'ombre gigantesque de son petit chien Biscuit, qui se fond dans la nuit. Humiliation est un faible mot pour désigner ce qu'il ressent en ce moment. Une chance que personne ne l'ait vu. Il se relève en époussetant ses vêtements.

– Algie ? Que fais-tu là ? lance la voix de sa mère. Il est presque l'heure de dîner. Rentre donc et va enlever ces vêtements sales.

Chapitre 2

Début de saison

Tyson Walker sort dans le jardin pour encore faire quelques exercices de foot avant le dîner. Il entraîne avec lui son frère aîné, James.

– Le football n'est pas vraiment mon truc, Ty' ! se plaint James. Et il fait noir !

Tyson touche l'interrupteur près de la porte, inondant de lumière un bout de pelouse, devant le porche.

– Tu parles comme notre gardien de but, dit-il. Le foot n'est pas son sport, à lui non plus.

Tyson tient le ballon en équilibre sur son pied, puis le propulse en l'air. Alors qu'il retombe,Tyson bondit pour le reprendre de la tête. Il l'envoie gentiment vers son frère. James n'a pas le football dans le sang, mais il a appris quelques trucs auprès de Tyson. Il amortit le ballon de la poitrine avant de le reprendre avec le pied pour le repasser à son frère. Ils continuent pendant un bout de temps à échanger des passes en silence.

– Vous avez un gardien qui n'aime pas le football ? dit-il enfin. C'est plutôt moche. Je veux dire, est-ce que votre gardien ne devrait pas être un fanatique du foot comme toi ?

Tyson sourit.

– Si. Mais on est en train de le gagner à la cause. Sûr et certain.

– Je te crois sans peine, fait James en lui retournant son sourire.

Une ombre divise soudain la zone de lumière qui les sépare. Leur père apparaît sur le porche.

– Il est temps de rentrer dîner, les garçons ! dit monsieur Walker. D'ailleurs, il fait trop noir pour continuer à jouer.

Tyson bloque le ballon sous son pied.

– Il ne fait pas si noir que ça ! réplique-t-il automatiquement.

Mais, en regardant autour de lui, il réalise que son père a raison. Au-delà du cercle de lumière, le jardin est plongé dans l'obscurité. De longues ombres noires rampent dans l'herbe : celle de son père, de son frère et la sienne. Avec l'ombre du ballon qui s'allonge grotesquement aux pieds de Tyson, sa famille forme une étrange équipe d'ombres difformes. Celle de James quitte le jardin pour monter les marches. Plus il approche de la lumière, plus son ombre s'allonge et s'amincit, traînant derrière lui sur les marches et sur la pelouse. En observant l'équipe des ombres, Tyson reprend le ballon sur son pied et se met à jongler en le faisant doucement rebondir de son pied à sa cuisse. Il est très fort pour ce genre de jonglerie. Son ombre aussi, d'ailleurs. L'énorme ballon monte et descend à un rythme parfait. Ses pieds et ses jambes, gigantesques, semblent monstrueusement puissants. Il joue avec un adversaire qu'il ne pourra jamais battre, jamais dépasser, jamais tromper.

– Tyson ! lance son père avec un brin d'impatience.

Tyson propulse la balle en l'air et la saisit au vol. Il grimpe les marches pour rejoindre son père et son frère. Sur le seuil, il se retourne et jette un dernier regard aux ombres énormes qui semblent maintenant jouer des coudes sur la pelouse. Il rit.

– Qu'y a-t-il de si drôle ? demande James.

Tyson indique les trois ombres.

– Voilà, dit-il, une équipe de foot dont il faut se méfier. Ils sont grands et méchants. Ils ne sont même pas humains !

Il rit à nouveau.

– Je hais ce car ! marmonne Algie.

Il plisse le nez quand une bouffée de gaz d'échappement s'infiltre par la fenêtre.

– Ce n'est pas le pire des autocars que nous ayons eus, dit Skip Wolfson, un joueur de l'entrejeu dans l'équipe des Tigres. Skip est assis à côté de Tyson. Algie et Kristin occupent les deux autres sièges, à la même hauteur. Les sourcils froncés par la concentration, Kristin regarde défiler le paysage.

– C'est vrai, l'École du Bosquet utilise des autocars bien plus terribles ! intervient Maria Medina en se penchant de son siège, derrière Skip et Tyson.

– D'ailleurs, je me demande bien pourquoi on doit tous y aller en car ! se lamente encore Algie.

Tyson baisse la tête pour voir derrière Skip. Pourquoi Algie se montre-t-il si négatif à propos de tout ? Peut-être est-il nerveux ? Oui, ce doit être ça. Tyson ne peut tout simplement pas s'imaginer que quelqu'un déteste le football comme le fait Algie.

– Hé, le rabat-joie ! lance Tyson. Quand la partie aura commencé, tu n'auras plus le trac. Alors, cesse de t'en faire.

– M’en faire ? répond Algie en élevant la voix. Pourquoi devrais-je m’en faire ? Tu as dit que les Ours seraient faciles à battre, il me semble.

– On va les écorcher vifs ! lance Kristin sans se détourner de la fenêtre. On va les étriper !

Et on jurerait qu’elle le pense vraiment. Algie souhaite que ce soit le cas.

– Tu crois ? insiste-t-il. On en est capables ?

– Bon sang, il s’agit des Ours ! s’écrie Skip d’une voix pleine de mépris, en se laissant retomber au fond de son siège.

– Les Tigres battent toujours les Ours, précise Tyson. Peu importe où et quand. Les Tigres sont victorieux !

« Mais comment remonter le moral d’Algie ? » se demande Tyson. Il cherche une façon de décrire les Ours qui serait appropriée sans être trop méprisante. L’entraîneur Bryant n’aime pas qu’on se moque des autres équipes. Il est férocement attaché au fair-play. Mais aussi à la victoire.

– Les Ours... commence Tyson.

Il s’arrête, essayant d’évoquer une image mentale de l’équipe dans sa tenue orange et noir.

– Les Ours sont des geignards. Ils se plaignent sans cesse. Ils t’accusent de les brutaliser même quand tu ne le fais pas.

– C’est pas un cadeau de jouer contre eux, même si on les bat chaque fois, ajoute Skip.

– Leur entraîneur, dit Kristin, n’arrête pas de crier depuis la ligne de touche. Il les traite parfois d’idiots et d’abrutis.

Voyant l’expression étonnée d’Algie, Tyson approuve de la tête ;

– C’est vrai ! dit-il. Et leurs parents ne valent pas mieux. Leur équipe est nulle, mais ils croient tous savoir comment en faire des champions... Même les joueurs n’arrêtent pas de s’enguirlander.

– Les bouches, voilà ce qui bouge le plus vite dans cette équipe ! dit Kristin avec mépris.

– Oah, ça, c’est tapé ! dit Skip.

– C’est la vérité, insiste Kristin.

Le car ralentit, puis tourne en grinçant. Algie regarde au-dehors. Ils passent entre deux piliers massifs, sur lesquels sont gravées les initiales A et B. Un grand portail en fer forgé, ouvert, donne sur une allée bordée de vieux arbres.

– Holà ! fait Algie, en observant l’allée en courbe qui traverse de vastes pelouses vert tendre, aussi unies que la moquette dans le salon de ses parents. C’est donc ça, l’académie de Belville ?

– Ouais, grogne Tyson. Comment des gamins aussi favorisés peuvent-ils être de tels abrutis ?

Oh, quelques-uns des types de Belville sont OK. Tyson apprécie même deux ou trois joueurs de l'équipe des Ours, comme l'arrière droit Machintruc... Comment s'appelle-t-il déjà ?

– Wow ! fait Algie. Voyez-moi ce terrain !

Le car s'est arrêté près d'une pelouse émeraude, parfaitement tondue, fraîchement délimitée, où des filets flambant neufs garnissent les cages. De part et d'autre du terrain, de superbes tribunes s'élèvent vers le ciel. Skip ricane, empoigne son grand sac de sport et se lève de son siège.

– Joli, pas vrai ? dit-il. Et tu devrais voir leur tenue. Elle est tout aussi mignonne... Du moins, jusqu'à ce qu'on en ait fini avec eux !

L'entraîneur Bryant regarde sa montre. Il se tourne vers l'arbitre, un petit bonhomme aux gros mollets nommé Mac Gee.

– Il leur reste cinq minutes, dit Mac Gee.

– Préparez-vous à prendre vos positions sur le terrain ! dit l'entraîneur Bryant aux Tigres, rassemblés autour de lui en un cercle approximatif. Et rappelez-vous mes consignes : jouez dur, mais jouez proprement.

Les tribunes des deux côtés du terrain sont remplies. La moitié de l'École du cimetière se trouve là, ainsi que la plupart des parents des joueurs, dont ceux d'Algie et de Tyson mais pas ceux de Kristin qui n'assistent jamais aux rencontres parce qu'ils n'aiment pas le foot. Même le docteur Morthouse est là, tout vêtu de rouge avec un gilet blanc. Le rouge et le blanc sont les couleurs de l'École du cimetière. Les supporters des Ours sont pour la plupart vêtus d'orange et de noir. Mais personne n'a encore aperçu aucun des Ours, avec ou sans sa tenue. Traversant le terrain pour gagner sa cage, le chaud soleil dans le dos, le gazon élastique sous les pieds, Algie commence à se sentir mieux. Quelle sorte d'équipe est-ce donc, qui ne réussit même pas à se présenter à temps sur son propre terrain ? Si ça traduit l'esprit d'équipe des Ours, les Tigres vont n'en faire qu'une bouchée. Il n'aura sans doute même pas à toucher le ballon. Ce sera une partie parfaite. Une journée parfaite. Le football n'est peut-être pas si moche, après tout. Algie atteint le but et se retourne juste au moment où les portes de la salle de sport de l'académie de Belville s'ouvrent brutalement. Les Ours de Belville sortent au pas cadencé. Algernon Green, gardien de but peu motivé, est glacé d'horreur.

Chapitre 3

La métamorphose des Ours

Ils sont grands. Ils sont énormes. Ils sortent en file indienne, regardant droit devant eux, balançant en cadence leurs bras raides.

– Ty-son !

En entendant la voix brisée d'Algie, Tyson cesse de nouer ses lacets et se redresse. Son visage vire au gris. Il reste bouche bée tandis que les Ours de Belville montent sur la pelouse, se présentent à l'arbitre et prennent leur position. Il se retourne vers Algie. Algie tire une tête terrible. Puis, comme un gosse, il tire la langue. En d'autres circonstances, Tyson aurait ri. Mais il ne rit pas pour le moment.

– Les capitaines ! réclame l'arbitre en brandissant une pièce de monnaie.

Il appelle auprès de lui les capitaines des deux équipes pour tirer la mise en jeu à pile ou face.

Tyson regarde Kristin. Elle garde les yeux fixés sur les Ours, comme si son regard pouvait les transpercer. Tyson s'avance. L'arbitre envoie la pièce en l'air.

– Face ! dit le capitaine des Ours d'une voix morne.

Tyson ne dit rien. Il se contente de regarder. Il reconnaît le joueur ou, du moins, il en a l'impression. Mitch Robbins, un garçon grand, mince et méchant qui aime décocher des coups de coude à Tyson, ou l'accrocher par-derrière quand il pense que l'arbitre ne le voit pas. Mitch est toujours aussi grand. Mais il a cessé d'être maigre. Il est costaud. Massif. Il s'est développé. Et il n'est pas le seul ! Les Ours ont gagné le tirage au sort. Comme le veut la coutume, Tyson tend la main à l'autre capitaine. Mitch regarde Tyson de ses yeux bleu pâle, presque incolores.

– Serrez-vous la main ! dit l'arbitre avec impatience.

Mitch tend la main d'un geste brusque. Elle se referme sur celle de Tyson, qui sent ses os grincer et ses jointures craquer. Son bras s'engourdit.

– OK, dit l'arbitre Mac Gee, qui semble n'avoir rien remarqué.

Il porte son sifflet à ses lèvres alors que Tyson

recule en chancelant.

– Bonne chance ! réussit-il à articuler.

Mitch se détourne et s'éloigne sans répondre. Tyson jette un regard à sa main. Elle n'a pas l'air écrasée. C'est seulement l'impression qu'il a. Le sang se met à battre dans ses doigts alors qu'il reprend sa position et attend que l'arbitre donne son coup de sifflet. Il n'ose même plus se retourner. Il ne veut pas qu'Algie réalise à quel point il a peur tout à coup.

– Ils sont terribles ! dit Polly Hannah, la petite fille modèle, en déguisant à peine sa satisfaction.

– Répugnants est le mot que j'avais en tête, dit Stacey Carter, qui s'est assise près de Polly. Elle se lève, met ses mains en porte-voix et crie :

– En avant, les Tigres ! Go, go, go ! Vas-y, Maria, marque !

Maria Medina, qui joue dans la ligne médiane, est la meilleure amie de Stacey. Ni Maria ni aucun des Tigres ne semblent entendre Stacey. Les Tigres ne sont pas encore battus. Mais ils sont tout aussi loin de l'emporter ! La première mi-temps va s'achever et ils doivent se contenter d'un score nul face à la pire équipe du tournoi, les Ours mous et pleurnicheurs. Anciennement mous, rectifie

Stacey mentalement.

– Ils sont plus que terribles ! dit Polly en lissant ses cheveux du bout des doigts.

Dans les tribunes, la plupart des supporters arborent les couleurs de leur équipe. Stacey est vêtue de jeans et d'un polo rayé blanc et rouge qu'elle a emprunté à Maria, la championne mondiale des collectionneuses de polos. Mais Polly, bien sûr, n'a même pas pensé à porter les couleurs de l'équipe. Son jeans est si neuf que sa couleur bleue en devient pénible à voir. Sans pouvoir le jurer, Stacey soupçonne même qu'il a été repassé ! Au col de son chemisier blanc à pois roses, Polly porte un nœud rose. Sa veste est d'un blanc aussi immaculé que ses tennis aux lacets roses. Et ses boucles blondes sont retenues par un peigne doré.

– Je n'ai jamais pu encadrer les Ours ! dit Stacey.

– Mais ce n'est pas des Ours dont je parlais ! réplique Polly.

Stacey se retourne pour fusiller Polly du regard. Mais que pourrait-elle dire ? Elle croit entendre la voix de sa mère lui souffler que les actes pèsent plus lourd que les paroles.

– Tu veux un peu d'orangeade ? demande

Stacey.

Elle tend brutalement son gobelet à Polly et l'éclabousse de limonade.

– Aaah ! Tu m'en mets partout ! crie Polly en s'écartant d'un bond.

Mais il est trop tard. Des taches orange se sont mêlées aux pois roses sur le chemisier de Polly.

– Ooooh... Pardon ! fait Stacey.

– En avant ! En avant ! crie M. Medina en se dressant derrière eux.

Tyson vient de recevoir le ballon. Il avance de deux foulées et voit l'énorme carcasse d'un Ours foncer vers lui. L'Ours émet un grognement sourd. Tyson ferme les yeux, mais ses pieds restent en mouvement. Instinctivement, il glisse ses orteils sous le ballon et le soulève. Le cuir surmonte l'arrière des Ours et atterrit derrière lui.

– Aaah ! s'écrie Jason Dunbar, de l'équipe des Tigres.

Il fond sur le ballon, le propulse loin en avant, en direction du but, et se rue à sa poursuite. Tyson rouvre les yeux à l'instant où l'arrière se retourne. Son regard passe sur lui. Instinctivement, Tyson recule pour fuir le regard glacial de l'Ours. « On croirait fixer les yeux d'un requin ! » pense Tyson. À cette différence près qu'un requin est moins affreux. L'arrière a fait volte-face avec une rapidité étonnante. Il se lance à la poursuite de Jason, d'un pas de géant qui semble secouer le sol.

– Vas-y, Jason ! En avaaaant ! crie Tyson.

Mais un autre joueur de l'équipe des Ours surgit de nulle part.

– Par ici ! crie Maria. Passe-le-m... Ses mots s'étranglent dans sa gorge alors qu'elle est projetée en l'air. Tandis qu'elle retombe, le libero des Ours lui décoche un coup dans le dos.

– Oh, l'arbitre ! lance Kristin. Il y a faute !

– Continuez, dit M. Mac Gee.

Maria se redresse sur les genoux, le visage rouge de fureur. Le libero talonne déjà Jason.

– Tire ! supplie Maria. Tire, Jason !

Jason décoche un boulet de canon en direction du but. Le libero a rejoint Jason et le renverse avec la violence d'un bulldozer emboutissant une maison. Le gardien de but des Ours ne bouge même pas. Il tend un bras de la grosseur d'un jambon et cueille le ballon d'une main qui évoque plutôt une énorme patte. Tous les supporters des Tigres, à l'exception de Polly, émettent un grognement de déception. Le gardien renvoie le ballon dans le jeu. Il fuse vers le ciel avant de retomber au sol avec un bruit mat. Kristin sprinte dans sa direction. Un Ours fait de même. Tous deux s'arrêtent.

– Continuez ! lance l'arbitre en courant vers eux. Continuez !

Kristin tourne la tête. Sans un mot, elle indique le ballon du doigt. Il est plat, plat comme une crêpe. Le gardien des Ours y a fait un grand trou en le dégageant de la pointe du pied.

Après cela, la partie devient pire encore. Où que les Tigres envoient la balle, les Ours y arrivent les premiers. Quoi que les Tigres essaient de faire, les Ours les arrêtent. Pire encore, les Ours ne cessent de s'emparer du ballon pour faire de grands slaloms sur toute la longueur du terrain et décocher des tirs vers la cage des Tigres. C'est stupéfiant. Incroyable. Et très, très étrange. Algie a détourné des ballons vers les nuages, les a boxés au-dessus de la barre. Il a bloqué des ballons dans la poussière ou s'est couché dessus ou les a dégagés dans tous les sens. Ses lunettes pendent de travers sur son nez. Sa queue-de-cheval s'est défaite. Ses cheveux se dressent tout autour de sa tête et il est couvert de poussière. Mais la première mi-temps est finie et il n'a pas encore laissé les Ours inscrire le moindre but.

– Fantastique, Algie ! dit Kristin alors qu'ils

quittent le terrain.

Elle lui donne une grande claque dans le dos. Il chancelle.

– Tu es un héros, Algernon. Peu importe comment ça se terminera, tu es un héros ! ajoute Jason.

Jason aussi a le visage couvert de poussière. Il a perdu une mèche de cheveux dans la bagarre. Une de ses jambières est à l'envers.

– Toi aussi, parvient à répondre Algie.

Jason n'est pas prodigue de ses compliments. Et il n'est visiblement pas habitué à en recevoir non plus.

– Bah, c'est mon boulot ! murmure-t-il.

Il saisit le bidon d'eau et s'abreuve bruyamment. L'entraîneur Bryant pousse son chapeau en arrière et fait signe à l'équipe de s'asseoir dans l'herbe. La plupart des joueurs se laissent tomber là où ils se trouvent.

– Rude partie, les gars ! dit l'entraîneur.

– Tu parles, murmure Maria à l'oreille de Skip.

Skip ne répond pas. Il se laisse tomber sur le dos et replie un bras devant ses yeux.

– Je crois, poursuit l'entraîneur, qu'Algie mérite une salve d'applaudissements pour le beau travail qu'il a fait dans le but.

Toute l'équipe applaudit. Kristin balance à Algie une nouvelle claque sur l'épaule.

– Hé, vas-y doucement ! se plaint Algie.

– Qu'est-ce qu'on va faire, m'sieur ? dit Tyson. L'équipe des Ours n'est plus du tout comme avant !

En fronçant les sourcils, l'entraîneur Bryant se tourne pour lancer un coup d'œil à l'autre côté du terrain, chez les Ours. Ils sont tous debout, raidement alignés près d'un grand thermos. Chacun à son tour, les joueurs se penchent, remplissent une tasse et la portent à leurs lèvres d'un geste brusque.

– Eh bien, ce nouvel entraîneur – Sandman – a vraiment fait du bon travail avec ces garçons et ces filles. Je ne l'ai jamais rencontré, mais on m'a dit qu'il savait y faire pour obtenir des résultats.

L'entraîneur Bryant se gratte le menton, les sourcils toujours froncés.

– Je dois dire, ajoute-t-il, que je n'avais jamais vu jouer une équipe comme celle des Ours.

– C'est parce qu'ils ne sont pas humains, marmonne Maria.

– Ils ne semblent pas rapides, poursuit l'entraîneur. Pourtant, ils sont les premiers sur la balle. Ils n'ont pas l'air très adroits. Mais ils contrôlent parfaitement le ballon et ils sont très costauds.

– Chef, on sait tout ça ! lance Algie. Mais qu'est-ce qu'on doit faire pour les arrêter ?

Les Ours ont fini de boire. Ils se tournent, avec une rigueur militaire, vers leur entraîneur. Depuis l'autre côté du terrain, on ne discerne pas grand-chose de l'entraîneur Sandman. Il semble petit. Il n'a pas l'air de bouger beaucoup. Impossible de s'imaginer ce qu'il dit à ses joueurs. Sans doute quelque chose du genre « Allez me massacrer ces Tigres ! », pense sombrement Algie. Puis il ramène son attention vers l'entraîneur Bryant.

– ... des passes courtes et rapides, dit-il. Soyez créatifs. Les Ours sont très bons, mais ils ne m'ont pas l'air très forts dans l'anticipation des actions. Pensez au style brillant des footballeurs brésiliens : rapide, fluide, constamment en mouvement.

L'arbitre donne un coup de sifflet pour rappeler les équipes sur le terrain. La deuxième mi-temps va commencer.

– Écoutez, c'est dingue ! lance Kristin. Ce sont les Ours. La pire équipe de foot de la planète, rappelez-vous ! Ils ne savent ni courir ni faire des passes et ils ont peur de shooter trop fort parce que ça pourrait leur faire mal aux orteils. Ils n'ont aucun esprit sportif et jouent salement. Ils gémissent et se plaignent... À bout de souffle, elle se tourne vers Tyson pour obtenir son appui. Réalisant que, comme cocapitaine, il doit la supporter, Tyson aquiesce et se lève d'un bond.

– Kristin a raison ! dit-il avec force. Nous sommes les Tigres. La meilleure équipe du championnat. Nous sommes arrivés en finale régionale l'an dernier, ne l'oubliez pas. Alors, on peut le faire ! On peut gagner !

Tyson est soulagé de voir quelques joueurs hocher vigoureusement la tête. Les Tigres se lèvent et marchent vers le terrain. Les Ours font de même. Mais ils s'avancent en un front, comme une armée conquérante. Algie, lui, traîne les pieds. Il traîne les pieds en observant les Ours du coin de l'œil. Ils se déplacent, se dit Algie, comme de vrais ours le feraient après une longue hibernation : avec raideur et détermination, en regardant droit devant eux. Certains clignent des yeux comme si la lumière vive leur faisait mal aux yeux. Mais s'ils se déplacent comme des ours après leur long sommeil, ils ressemblent davantage, physiquement, à des ours avant l'hiver : grands, épais, concentrés sur un but qui ne concerne pas les stupides humains traînant sur leur chemin. Et pleins d'appétit ! Algie, un jour, s'est trouvé face à un ours alors qu'il cueillait des myrtilles dans les montagnes Adirondack, au cours d'un séjour chez sa grand-tante. Algie a reculé très lentement. L'ours, occupé à se goinfrer de myrtilles, l'a complètement ignoré. Sa grand-tante n'a même pas été impressionnée par son aventure.

– Un ours noir, a-t-elle dit rapidement. En train de s'engraisser pour l'hiver. Ils te laisseront en paix si tu les laisses en paix. Évite seulement de te glisser entre une mère et son petit, sinon elle te flanquera une raclée.

Non, cela ne demande vraiment pas beaucoup d'efforts de s'imaginer ces Ours joueurs de football sous les traits de vrais ours. De vrais ours mangeurs d'hommes. Algie nettoie une dernière fois ses lunettes. Quand l'arbitre lance un coup de sifflet, il lève le bras pour indiquer qu'il est prêt à commencer la deuxième mi-temps. Jason passe la balle à Maria. Un mur d'Ours fonce vers la ligne d'attaque des Tigres, écrasant tous ceux qu'il rencontre.

– Continuez le jeu ! lance l'arbitre.

Les Ours déboulent en direction d'Algie. Algie

décide de ne pas attendre sur sa ligne qu'ils viennent le massacrer. Il quitte sa cage et sort du rectangle où il peut se servir de ses mains. Maintenant, il n'est plus qu'un joueur comme les autres, armé seulement de ses pieds. Les Ours semblent un peu surpris par sa manœuvre. Les plus proches de lui tournent leur grosse tête d'un côté à l'autre, en proie à une confusion momentanée. Algie fond sur la balle et la renvoie de toutes ses forces vers le fond du terrain. Puis il s'empresse de regagner sa cage. Revenu sur sa ligne, il se retourne juste à temps pour voir Jason s'emparer du ballon. Il l'amortit de la poitrine pour l'envoyer gentiment, du pied, vers Tyson. Tyson se rue en avant et botte le ballon bien loin, derrière les lignes adverses. Maria, Jason et Tyson se ruent en avant, suivis des autres Tigres. Pendant un instant, on peut croire que le vent a tourné, que les Tigres vont réussir à reprendre le dessus. Puis Jason hésite, lance un coup d'œil à gauche, à droite. Comme s'ils lisaient pratiquement dans les pensées de Jason, les arrières des Ours foncent vers les Tigres, rendant toute passe impossible. Et ils renversent Jason. Un instant plus tard, les Ours déferlent à nouveau vers Algie. Algie perd ensuite la notion du temps. Il n'a pas la moindre idée de la durée du cauchemar qui suit. À chaque descente des Ours, les tirs se font plus puissants, les joueurs semblent plus imposants. Les supporters des Ours lancent aux Tigres des insultes de plus en plus méchantes. Les supporters des Tigres sont de plus en plus silencieux. Pourquoi cette maudite partie ne veut-elle pas se terminer ? Alimenté par sa peur, Algie fonctionne à l'instinct et par réflexes. Il sent confusément que leur entraîneur avait raison, que la seule faiblesse des Ours est leur incapacité à se montrer créatifs. À chaque fois qu'il capte le ballon, l'équipe des Ours tout entière s'arrête, se fige. Ils restent là à le regarder, à attendre qu'il dégage le ballon du pied ou des mains. Aussi longtemps qu'il tient le ballon, il est en sécurité. Ils ne peuvent pas marquer. Ils ne peuvent pas le piétiner. Ils ne peuvent rien faire d'autre que le fixer de leurs étranges yeux morts. C'est seulement quand il n'est plus en possession du ballon qu'il recommence à s'inquiéter.

– Deux minutes ! lance quelqu'un derrière la ligne de touche. Plus que deux minutes de jeu, se dit Algie. Je peux y arriver ! Alors, le tir arrive de nulle part. Algie voit le ballon trop tard. Il bondit... Le ballon frappe son estomac comme un poing géant. Il tombe à la renverse dans son but. Le filet se détache et vient l'emprisonner comme s'il n'était qu'un grand poisson. Il entend vaguement le pas lourd des Ours qui remontent le terrain, les acclamations et les railleries de leurs supporters. Faiblement, il sent les tiraillements des mains qui le dépêtrent du filet. Algie reste mollement étendu sur le dos, le ballon toujours serré entre les mains. Son regard se perd dans le bleu du ciel, que les mailles du filet quadrillaient voici un instant seulement.

– Bien essayé ! dit Kristin en le tirant par le bras pour le remettre debout.

Elle lui prend doucement le ballon des mains et remonte le terrain en l'emportant.

– Tu es OK ? demande Tyson.

Le regard vague d'Algie ne lui plaît pas trop. Algie lui murmure une réponse rassurante. L'arbitre donne un coup de sifflet et le jeu reprend. Moins de deux minutes plus tard, un nouveau coup de sifflet met fin à la partie. Pour la première fois dans l'histoire de l'École du cimetière, les Tigres du Bosquet ont été battus par les Ours de Belville.

Chapitre 4

Cauchemar!

– On vous a eus ! On vous a eus ! scandent une partie des supporters des Ours quand les Tigres se mettent en ligne pour serrer la main des vainqueurs.

– On a gagné ! On a gagné ! chantent les autres.

Pour la première fois depuis qu'ils sont montés sur le terrain, les Ours manifestent un peu d'émotion. Ils sourient de toutes leurs dents alors qu'ils remontent la rangée de Tigres en leur serrant la main.

– Belle partie ! dit mécaniquement Tyson.

Il n'en pense rien, mais il est bien obligé de le dire. Cela fait partie du fair-play. L'entraîneur Bryant serait très peiné de voir un de ses joueurs faire une entorse à l'esprit sportif. Et quand l'entraîneur Bryant est malheureux, tout le monde se sent malheureux. Les Ours, quant à eux, ne disent rien du tout. Quand les Tigres rejoignent leur banc, l'entraîneur Bryant n'a évidemment pas l'air ravi. Il se contente de dire :

– Tous dans l'autocar. Nous reparlerons de ça plus tard.

– Ils vous en ont mis plein la vue ! dit Polly.

Stacey rejoint Maria et lui tapote le bras. Mais Maria se débarrasse de sa main d'un haussement d'épaules et poursuit sa marche vers le car, tête basse. Algie choisit un siège près de la fenêtre, au fond du véhicule, et s'y recroqueville. Il se sent terriblement mal. Il a failli à sa tâche. Il a laissé les Ours arracher la victoire. Algie a mal au ventre. Sa peau, il en est sûr, porte encore l'empreinte de la balle qui l'a frappé à la vitesse de la lumière. Mais il ne vérifie pas. Il ne veut rien en savoir.

– Tu as remarqué comme leurs mains étaient froides ? Froides comme des mains de cadavres.

Tyson vient de rompre le silence lugubre qui régnait dans l'autocar. Mais c'est encore le silence qui accueille sa remarque.

– Holà ! Quelqu'un m'écoute ? insiste-t-il.

– Non ! dit rageusement Jason.

– Leurs mains m'avaient l'air de gros paquets de viande froide ! reprend Tyson.

« Comme les miennes », se dit Algie. Ses mains

sont engourdies, inertes à force d'avoir arrêté des ballons propulsés comme des fusées. Sa carrière de lanceur de base-ball est probablement ruinée pour toujours.

– Vraiment ? répond enfin Kristin. Je n'ai rien remarqué.

– Au moins, vous avez remarqué que ce n'est plus la même équipe ? demande Tyson.

– J'ai remarqué qu'ils nous ont battus ! lance Jason. Ces bêtes grandes crapules !

– C'est ça ! dit Kristin. Insulte-les, ça va tout arranger.

– Ce qui aurait tout arrangé, réplique Jason, c'est que notre défense les empêche de marquer.

– Et ce qui aurait encore plus aidé, riposte Kristin, c'est que notre attaque réussisse à marquer !

Tyson n'en croit pas ses oreilles. Voilà que ses coéquipiers se querellent, qu'ils se blâment l'un l'autre pour ce qui s'est passé. Les Tigres ont des divergences d'opinion quand ils ne sont pas sur le terrain. Mais ils ne se sont jamais disputés au sujet des victoires et des défaites ou de la façon dont ils ont joué les parties. Tout cela est très mauvais pour l'équipe. Et c'est encore une de ces choses qui rendent l'entraîneur Bryant malheureux.

– Allons, les gars, arrêtez ! dit Tyson d'une voix grave et sévère.

Il lance un regard vers l'avant du bus, où se tient l'entraîneur. Heureusement, celui-ci n'a pas l'air de prêter beaucoup d'attention aux Tigres pour l'instant. Jason fixe Kristin et Kristin fixe Jason.

– Oh, les gars ! dit Tyson pour les mettre en garde.

Et il désigne l'entraîneur d'un coup de menton.

– Vous avez l'air d'une paire de chiens prêts à se bouffer le museau ! lance Skip.

La tension est rompue. Kristin lève les yeux au ciel. Jason fronce les sourcils puis hausse les épaules.

– Bon, qu'est-ce qui s'est passé ? dit Jason. Ils nous ont battus. Ça m'échappe. Je me demande ce qui est arrivé aux Ours de Belville.

Les jours suivants, à l'École du Bosquet, ne sont pas très agréables pour l'équipe des Tigres. Même s'ils n'ont perdu que par un but d'écart, les Ours les ont battus. Leur confiance est sérieusement ébranlée. Et si d'autres équipes s'apprêtaient à les bousculer de la même façon ?

La veille du second match, contre les Zèbres de Grandval, Tyson sort s'entraîner après le dîner. Il dessine un parcours d'obstacles et s'exerce à les dribbler d'un pied puis de l'autre. Il envoie des tirs vers le cercle qu'il a dessiné sur le mur latéral du garage. Il révise tous les exercices qu'il peut effectuer seul.

– Tyson, tu es un maniaque du foot ! déclare son frère James en sortant sur le porche.

Plié en deux, les mains sur les genoux, Tyson cherche son souffle. Et il se fait toujours du souci.

– D'ailleurs, il est temps d'aller se coucher ! ajoute James.

– Il n'y a pas école demain, réplique machinalement Tyson. Je n'ai pas à me coucher tôt.

– Comme tu voudras. Mais, demain, tu seras fatigué. L'autre équipe va te piétiner.

– Sûrement pas !

Tyson se baisse et ramasse le ballon à contrecœur. Son frère a raison, il doit garder un peu d'énergie pour demain. Trop s'entraîner est aussi nuisible que le faire trop peu. Il ne veut pas émousser son appétit de compétition.

– Après tout, vous n'avez perdu qu'un match, dit James.

– Mais c'était le premier de la saison. Et contre les Ours. Les Ours, on les bat toujours !

– Ils se sont améliorés, voilà tout.

Tyson agite négativement la tête. Ça ne tient pas la route. Pour qu'une équipe comme celle des Ours s'améliore à ce point, il lui faudrait remplacer la plupart de ses joueurs. Et il ne peut pas croire que l'académie de Belville ait accueilli tant d'élèves doués pour le foot en un an. D'ailleurs, il a reconnu presque tous les joueurs. Du moins, il le pense. Seulement, ils avaient l'air si... étranges, si costauds. Mais leurs traits lui étaient familiers et ils portaient les mêmes noms. Même si, en y réfléchissant bien, ils ne se sont pas adressé la parole pendant tout le match. De plus, ils évoluaient pour la plupart à la même position que l'année précédente. Tyson hoche la tête en montant les marches. Il ne regarde pas son ombre déformée s'étirer derrière lui sur le gazon. Il est trop occupé à penser aux Ours. Non, décidément, tout ça n'a pas de sens.

C'est pire encore qu'il ne le redoutait. Les Zèbres de Grandval devraient s'appeler les Vautours de Grandval ! pense Tyson. Ils sont énormes, plus énormes encore que les Ours. Leur yeux sont blancs et vides, leurs dents effilées. La salive leur coule des commissures des lèvres et, quand ils s'avancent, leurs mains gigantesques semblent traîner au sol à côté de leurs pieds démesurés. Ce ne peut pas être vrai ! pense Tyson. Il lance un coup d'œil à ses coéquipiers autour de lui. Eux aussi sont figés sur place, pétrifiés par le choc.

– Allons, les gars ! crie-t-il désespérément. En avant !

Mais personne ne bouge. Personne, sauf les Zèbres. Ils s'avancent au pas comme une armée de mutants, en grondant et en balbutiant. Cette fois, Tyson a vraiment peur. Au cours de toutes ces années de football où il a rencontré des équipes méchantes, des équipes violentes, de plus grandes et de meilleures équipes, il n'a jamais eu peur. Pas comme maintenant ! Il recule d'un pas. Son pied produit un horrible bruit de succion. Il l'arrache d'un mouvement brusque et se retourne pour courir. Mais ses deux pieds sont prisonniers. Il baisse les yeux. Le vert émeraude du terrain de foot s'est changé en une mer de fange blanchâtre, grouillante de vers, qui émet une lueur affreuse, vénéneuse, fantomatique. Des créatures gigotent dans ce bourbier et des effluves putrides lui montent à la tête. En tirant de toutes ses forces, il libère un pied. Des larves tombent mollement de ses crampons. Ses équipiers se débattent en criant. La fange les avale lentement. Il voit Kristin disparaître. Il hurle son nom. Elle tourne la tête. Elle la tourne si loin que son visage surmonte maintenant son dos.

– Nooooon ! gémit Tyson.

Il dégage son autre pied. Il se bat pour s'échapper, pour fuir ce terrain, pour fuir cette partie. Chaque pas produit un écœurant son de ventouse. Il perd une de ses chaussures qui est engloutie par la fange. Alors, quelque chose s'accroche à son maillot, le tire en arrière en le soulevant. Il pendouille lamentablement, criant et se débattant en vain. De la boue grouillante d'asticots s'égoutte le long de ses jambes. Il tourne sur lui-même pour faire face à celui qui l'a capturé. C'est l'avant-centre des Zèbres. Mais il n'a plus la taille d'un gamin humain. Il est énorme. Plus grand qu'un adulte. Plus grand qu'un camion. Il a une taille monstrueuse. Ses yeux sont vides. Des dents rouges et triangulaires garnissent sa bouche. Tyson lui décoche un coup de pied au visage. Ses orteils nus frappent la chair froide. Un morceau de peau dentelée se détache de la joue du Zèbre et tombe dans la boue.

– Aaaaaah ! crie Tyson. Lâche-moi !

L'emprise sur son épaule se resserre.

– Tyson, lève-toi ! Je t'ai dit de ne pas t'entraîner si tard le soir !

James est penché au-dessus de son lit et secoue son épaule. Agrippant le tee-shirt de son frère, Tyson se redresse.

– James, souffle-t-il, ils ne sont pas humains ! Ce sont des monstres !

Gentiment, James détache les doigts de Tyson de son tee-shirt et se met hors de portée. Il secoue la tête.

– Tu perds le nord, frérot ! dit-il. Ce n'est qu'un match de foot. Et si tu ne sors pas de ce cauchemar pour te secouer un peu, tu vas le rater.

Il indique le réveille-matin sur la table de nuit. Tyson tourne lentement la tête et essaie de déchiffrer l'heure. Un instant plus tard, il a tout oublié de son rêve. Ce n'était qu'un cauchemar, un stupide cauchemar.

Les Zèbres de Grandval ne sont que des gamins ordinaires. Il n'y a pas de quoi se faire de soucis, à part celui d'arriver à temps pour la partie. Le terrain des Zèbres de Grandval se trouve dans le parc du comté. Bien qu'il ne soit pas aussi éloigné que celui de l'académie de Belville, l'entraîneur Bryant insiste pour que les Tigres se rendent au match tous ensemble en autocar. Alors que le car sort en cahotant du parking de l'école et s'engage sur la route, Tyson se surprend à étudier ses coéquipiers.

– Qu'est-ce que tu regardes ? demande Jason.

Sa voix a un ton menaçant. Mais la voix de Jason semble toujours menaçante, même quand il raconte une blague.

– Arrête de nous regarder comme ça, grogne Algie. Et ne sois pas aussi sinistre !

Tyson frotte ses yeux pour s'éclaircir la vue et les idées. Ses coéquipiers lui paraissent tout à fait normaux. Tout cela n'était qu'un rêve. Le terrain ne va pas se changer en bourbier grouillant de vermine et les engloutir. La tête de Kristin ne va pas jouer la toupie sur ses épaules. « Reprends tes esprits », se dit Tyson. « Reviens à la réalité. »

Pourtant, il se sent formidablement soulagé quand il constate que les Zèbres ne se sont pas transformés en vautours. L'équipe qui est en train de s'échauffer paraît tout à fait ordinaire. Ils jouent aussi comme des footballeurs ordinaires. Ils lancent des cris enthousiastes quand ils jouent bien. Ils grognent quand ils manquent un tir. À l'occasion, ils lancent l'un ou l'autre coup de coude ou vous accrochent par-derrière. Mais il leur arrive aussi de tendre la main pour aider un adversaire à se relever. Et leur avant-centre, après un bel arrêt d'Algie, lui lance même :

– Bien joué, vieux !

Les Tigres finissent par l'emporter 2-1. Tous les joueurs échangent ensuite des poignées de main. Tyson et Algie quittent le terrain côte à côte, dans un joyeux concert de cris de victoire.

– Tu vois ? dit Tyson. Je t'avais bien dit que ça irait mieux.

Le cauchemar de Tyson est presque oublié. Jusqu'au moment où Stacey les rejoint et les agrippe par le bras.

– Venez par ici en vitesse, dit-elle. Vous devez voir ça !

– Voir quoi ? demande Tyson. Stacey tend le doigt vers l'autre bout du parc.

– Les Ours sont là, dit-elle d'une voix blanche. Ils affrontent les Guerriers de Woodstock. Et les Ours gagnent.

Chapitre 5
L'idée de Tyson

Les Ours dominent la partie. Et de loin. Algie, Tyson et Stacey s'approchent de l'autre terrain, au bout du parc. Quelques minutes plus tard, Kristin, Jason et Skip les rejoignent. Personne ne dit un mot. Si les Ours paraissaient massifs l'autre jour, ils ressemblent maintenant à des montagnes. Mais leur taille n'est plus uniforme. Certains, comme le gardien, sont aussi larges que hauts ; d'étranges tas de muscles qui semblent vouloir remplir tout l'espace. D'autres sont devenus plus grands et plus maigres, comme s'ils étaient faits d'arêtes et de surfaces dures. Quelle que soit leur apparence, ils se déplacent tous de façon raide et silencieuse. Et avec une rapidité meurtrière. Les Guerriers, une équipe dure et solide qui compense par sa ténacité son manque d'adresse, s'effondrent devant les Ours comme des arbres devant un bulldozer. Ils font des passes, ils courent, ils se donnent du mal... Mais ils ne réussissent pas un bon tir ni même un bon mouvement. À peine se sont-ils emparés du ballon qu'un énorme pied apparaît pour le bloquer, de même, bien souvent, que le pied du Guerrier. Les Ours marquent un but. Puis un autre. Et encore un autre. Algie se couvre les yeux.

– Je ne veux plus voir ça, gémit-il.

Mais il ne peut s'empêcher de regarder entre ses doigts. Les Ours marquent à nouveau, d'un puissant tir tendu dans le coin supérieur du but. Un tir qui troue le filet. C'est un véritable massacre.

– Tuez-les ! Tuez-les ! hurle un adulte qui est venu se placer près d'Algie.

– Holà ! fait Algie.

Il s'écarte en se massant l'oreille. L'homme se retourne et Algie reconnaît le père d'un des Ours. Il porte une sorte de version pour adultes de l'uniforme de l'académie de Belville : un pantalon kaki, un blazer bleu, des mocassins et une chemise ornée d'un motif brodé. Contrairement aux Ours de l'équipe, ce père a l'air normal. Il semble plutôt être le père d'un des Zèbres. L'homme ne paraît pas remarquer qu'il a failli trouer le tympan d'Algie.

– C'est génial ! s'écrie-t-il joyeusement. Ils

pulvérisent les Guerriers. Engager l'entraîneur Sandman, c'est la meilleure chose qu'on ait jamais faite.

– Heu... Un de vos enfants est dans l'équipe ? demande Algie.

– Ouais !

L'homme indique fièrement une joueuse du milieu de terrain qui déboule en force.

– Tiffany Ann ! hurle-t-il. Fonce, Tif' !

En se couvrant les oreilles, Algie reprend ses distances. À côté de lui, Tyson murmure soudain :

– Je refuse d'y croire ! Ce ne peut pas être Tiffany Ann, je la connais. Et même si je ne la connaissais pas... Elle ne ressemble pas du tout à son père !

– Des tas d'enfants ne ressemblent pas à leurs parents, dit Algie.

– D'accord, admet Skip. Tu as raison. Mais combien connais-tu de filles de sixième année qui sont plus grandes que leur père ?

Algie s'apprête à riposter, à faire remarquer qu'une fille peut être assez grande et avoir un père plutôt petit. Mais il sait que, même si c'est vrai, Skip parle d'autre chose. Quelque chose de très, très anormal qui ressort de cette équipe. Tous les Ours ont l'air étrange. Ils sont délavés. Grisâtres, blanchâtres, verdâtres comme de la moisissure. Et leur visage est pâle comme une pizza sans garniture. Ils sont devenus énormes et bizarres et étrangement doués pour un jeu qu'il ne maîtrisaient pas du tout l'an dernier. Mais personne ne paraît le remarquer. Ou s'ils le remarquent, ils ne s'en soucient pas. Aussi longtemps que les Ours sont victorieux.

– Ils pulvérisent toutes les équipes qu'ils rencontrent, dit Polly.

Et elle mord à belles dents dans son sandwich.

– Ils les réduisent en lambeaux !

Elle mastique avec vigueur.

– Ils en font de la chair à pâté ! ajoute-t-elle avant d'avaler.

Kristin et Maria regardent Polly de l'autre bout de la table. Mais personne ne lui répond. Une ombre passe sur les filles.

– Tu vas manger tout ça ? demande Jaws Bennett.

Jaws est un grand garçon en pleine croissance et continuellement affamé. Il est toujours prêt à s'empiffrer et se prétend capable de manger n'importe quoi, même une bête écrasée par une voiture. Et il trouve que les repas de la cantine ont bon goût. Il a même conservé cette opinion pendant le récent et bref règne d'un chef de cuisine qui servait les plats les plus répugnants qui soient. Polly fait vigoureusement « oui » du menton. Maria et Kristin baissent les yeux vers leur assiette, puis échangent un regard... D'un même geste, elles tendent leur assiette à Jaws.

– Oh, merci ! s'exclame-t-il avant de se diriger, en titubant sous le poids de sa cargaison, vers la table où sont installés les garçons.

– Vous devriez prendre des forces ! dit Polly avec un sourire perfide. Vous avez peut-être gagné le dernier match, mais quand vous rencontrerez à nouveau les Ours, ils vous écraseront.

Maria se lève et repousse sa chaise si violemment qu'elle fait danser le sel et le poivre sur la table.

– Hé, fais attention ! dit Polly.

Maria s'éloigne sans lui répondre. Kristin lui emboîte le pas, en marmonnant des noms d'oiseaux.

– Qu'est-ce qui ne va pas ? demande Polly d'un air surpris. C'est quelque chose que j'ai dit ?

– C'est toujours quelque chose que tu as dit ! lance Maria par-dessus son épaule.

Kristin et elle rejoignent Jaws à la table où sont

assis Jason, Tyson, Skip et Algie.

– Il nous faut un plan, dit Tyson d'un ton dramatique.

– Mon plan est d'abandonner Polly dans les sables mouvants ! propose Maria en s'asseyant.

Kristin ricane et s'assied à son tour. Algie reste pensif, comme s'il examinait sérieusement l'idée. Tyson semble contrarié.

– Est-ce qu'on pourrait arrêter de blaguer pendant, disons, une minute entière ? gronde-t-il.

– Oh, toutes mes excuses !

Maria rejette en arrière quelques mèches de ses cheveux raides et fait des yeux ronds et sévères.

– Et pourquoi ? demande Kristin à Tyson.

– Parce que, si tu ne l'as pas remarqué, les Ours battent toutes les équipes du championnat. La nôtre comprise.

– Bon, ils ont pris le dessus sur quelques équipes. Et alors ?

Jason essaie de faire croire qu'il n'est pas inquiet. Il prend toujours des airs extradurs quand il est vraiment dans le pétrin.

– On n'a perdu qu'une partie, ajoute-t-il. C'était juste un faux pas, un manque de bol.

– La chance n'a rien à voir là-dedans, réplique Tyson. Est-ce que vous les avez bien regardés, ces

Ours ?

– On raconte, dit Algie d'un air sinistre, qu'on a dû évacuer trois joueurs sur des civières au cours de leur dernier match.

– Mieux vaut une civière qu'un cercueil, fait remarquer Kristin.

– Ah, ah ! fait Tyson de sa voix la plus sarcastique.

Puis il insiste :

– Toi, Algie, tu l'as remarqué, pas vrai ? Ils ne sont pas seulement plus grands. Ils marchent bizarrement. Ils courent bizarrement. Ils ne parlent pas et ne rient pas. Ils n'ont même pas l'air d'aimer jouer au foot !

« Qu'est-ce qu'il y a d'étrange à ça ? » se demande Algie. Il remonte ses lunettes sur l'arête de son nez et retourne avec lassitude le regard intense de Tyson. Enfin, il hoche la tête.

– Tu as raison, dit-il. On ne devient pas aussi bon aussi vite. Pas toute une équipe à la fois, en tout cas. Peu importe l'entraîneur. À moins, bien sûr, de faire venir des pros de l'extérieur.

– Des pros ? dit vivement Jason. Tu veux dire, des types venant d'autres équipes ? Des superjoueurs qui ne seraient même pas élèves à Belville ?

– C’est impossible, tranche Maria. J’ai reconnu les joueurs de l’équipe des Ours. La plupart d’entre eux, en tout cas.

Elle fait une pause, puis ajoute faiblement :

– Enfin, il m’a semblé les reconnaître.

– Bon, s’ils n’ont pas reçu de renforts venus de l’extérieur, qu’est-ce qui leur arrive ? demande Jason.

– Je n’en sais rien, avoue Tyson. Mais je crois qu’ils mijotent quelque chose. Quelque chose de grave.

Il promène son regard autour de la table, essayant de reprendre son rôle de capitaine plein de sang-froid.

– Et j’estime, conclut-il, qu’il est grand temps de découvrir quoi !

– Est-ce que tu réalises la distance qu’il y a jusqu’à l’académie de Belville ? demande Algie. Il nous a fallu près d’une heure d’autocar pour y arriver !

– C’est à cause de tous les feux de circulation, répond Tyson.

– C’est un plan idiot.

– Tu ne dois pas nécessairement l’aimer. Juste l’exécuter ! riposte Tyson.

Algie grogne. Mais il continue à pédaler. Comment s'est-il laissé embobiner par Tyson ? Il y perd de l'argent. Il a dû confier sa tournée de distribution de journaux à Stacey, une fois de plus. Pire encore, la route de Belville n'est qu'une succession de côtes qui ne paraissent même pas séparées par des descentes. « Pourquoi les gens riches habitent-ils toujours sur des sommets ? » se demande-t-il. « Parce que les déchets roulent vers le bas ? » Ils atteignent enfin le coin du muret de pierre qui entoure le domaine de l'académie de Belville. La route cesse de grimper. Sans s'arrêter, ils franchissent le portail ouvert, entre les piliers de pierre, et remontent l'allée en courbe. Rien de sinistre dans ces parfaites pelouses vertes, dans ces bâtiments en pierre baignés de soleil. Rien de sinistre non plus dans le gymnase plus récent, dont les murs ne sont pas encore assez patinés pour s'harmoniser avec ceux des autres bâtiments. Tout ici est net, calme et paisible. Algie et Tyson mettent pied à terre à bonne distance de l'école et de la salle de sport.

– On devrait planquer nos bécanes quelque part, dit Tyson. Elles ne ressemblent pas à celles des élèves de Belville. Elles risquent de nous trahir.

En son for intérieur, Algie se dit que ni Tyson ni

lui ne pourraient passer pour des élèves de Belville. La coupe de cheveux à elle seule suffirait à faire la différence. Il doute qu'aucun des élèves d'ici, du moins ceux du sexe mâle, porte une queue-de-cheval ou une coiffure rasta. Mais il se contente de pousser son vélo derrière le mur de pierre, sans faire de commentaire.

– Prends l'air de quelqu'un qui sait où il va, commande Tyson. C'est le plus important. Tant que tu auras l'air de savoir ce que tu fais, personne ne t'arrêtera.

« Tu devrais dire ça au docteur Morthouse », pense Algie. Mais à nouveau, il garde pour lui ses réflexions. Il préfère conserver son souffle pour le moment où ils devront filer à toute vitesse. Tyson jette un coup d'œil à sa montre.

– Ils doivent toujours être à l'entraînement, dit-il.

– Comment le sais-tu ? demande Algie.

– J'ai téléphoné pour me renseigner.

Tyson voit qu'Algie est impressionné.

– Un bon capitaine doit tout vérifier, ajoute-t-il.

Ils contournent le gymnase. Tyson s'arrête si brusquement qu'Algie lui marche sur les talons. Il se colle le dos au bâtiment et pousse Algie en arrière.

– Les Ours ? chuchote Algie.

Tyson confirme de la tête. Il jette un regard autour de lui, puis indique un autre muret qui borde le gymnase, tout au long d'une route menant à un autre bâtiment. Sans un mot, il s'accroupit. En se déplaçant comme des crabes, Tyson et Algie suivent le muret jusqu'au point le plus proche du terrain de football. Ils lèvent la tête pour jeter un coup d'œil. Ils ne voient pas grand-chose au début. Les Ours font des exercices. Des passes, des courses balle au pied, des têtes, des tirs au but. Puis il réalise ce qu'il est en train d'observer et sent ses cheveux se dresser sur sa nuque. Il se tourne vers Tyson. Assis sur ses talons, Tyson regarde fixement au-dessus du muret, le visage pétrifié.

– Tyson ! Tyson ! siffle Algie.

Lentement, Tyson tourne vers lui ses yeux écarquillés.

– Tu vois ce que je vois ? demande Algie.

Chapitre 6

Les Ours et leurs doubles

Tyson cligne des yeux. Il jette un nouveau regard au-dessus du muret et se retourne vers Algie.

– Ils sont normaux ! souffle-t-il.

Il dit vrai. Les Ours de Belville sont redevenus pareils à eux-mêmes. Ils se bousculent en courant, crient, rient de temps en temps et, bien sûr, râlent et se plaignent. Au cours des dernières parties, ils semblaient tous pareils : énormes, méchants, absents. Maintenant, ils présentent à nouveauxtoutes sortes de formes, de tailles, de couleurs et de degrés d'adresse. Le gardien est un petit gars trapu qui essaie de compenser sa petite taille en sautant très haut. Tiffany Ann est mince et rapide, mais trébuche toujours sur le ballon, toute en vitesse mais aucun contrôle. Qu'est-il arrivé aux Ours ?

– Mais qu'est-ce qui se passe ? dit Algie. Où sont passés les vrais Ours ?

– Ce sont les vrais Ours. Les autres ne sont pas réels !

– Ça n'a pas de sens, poursuit Algie, sans vraiment écouter. On croirait voir deux équipes différentes.

– Ce que je veux savoir, dit Tyson, c'est où se cache l'entraîneur. Pourquoi Sandman n'est-il pas présent à l'entraînement ?

– Mais il est là, dit Algie. Assis sur une chaise pliante, derrière la ligne de touche.

Tyson se penche pour vérifier de ses propres yeux. Algie a raison. L'entraîneur est bien là, près de la ligne. On dirait qu'il lit un bouquin. À cet instant, il relève la tête et lance :

– Bien, beau travail. Continuez !

Mais il n'a pas l'air de penser vraiment ce qu'il dit. Il n'a même pas l'air de se soucier de ce qui se passe sur le terrain. « Et on appelle ça un entraîneur ? » se dit Tyson avec dégoût. Bryant, leur coach, serait occupé à arpenter le terrain, en les épiant comme un faucon. Il ferait des remarques, les encouragerait, leur montrerait des choses à changer dans leur technique. Il parlerait de tactique, lancerait des coups de sifflet et agiterait les bras. L'entraîneur Sandman tourne une page de son livre. C'est le geste le plus spectaculaire que Tyson le voit faire.

– Et maintenant ? demande Algie.

– Continuons à les observer, dit Tyson.

Et ils continuent. Mais rien ne se passe. L'entraînement se poursuit. Les Ours restent semblables à eux-mêmes. Enfin, l'entraîneur Sandman consulte sa montre et ferme son livre. Il se lève, donne un coup de sifflet et rappelle les joueurs.

– C'est assez pour aujourd'hui, dit-il. N'oubliez pas notre partie de samedi. Ne mangez rien et ne buvez rien avant la rencontre. Nous nous rencontrerons trois heures avant le match comme d'habitude.

Sur ces mots, l'entraîneur tourne les talons et rentre dans le gymnase. Les Ours continuent à discuter, à se pousser et se tirer, à se montrer bruyants et désagréables comme toujours. Ils quittent le terrain en désordre et gagnent les vestiaires. Tyson n'a jamais vu une chose aussi étrange et effrayante que ce dédoublement d'équipe. Algie, lui, a assisté à des phénomènes plus terribles, surtout depuis qu'il s'est installé à Grove Hill et est entré à l'École du cimetière. Mais pas tellement plus terribles.

– Tirons-nous d'ici ! dit Tyson.

Ils courent à toutes jambes vers leurs vélos. Ils pédalent comme des forcenés, sans jamais ralentir, jusqu'à l'école.

– Des recrues de l'extérieur, dit Jason. Ce ne peut être que ça. L'entraîneur Sandman les a engagés pour venir jouer chaque semaine avec les Ours.

– Non ! dit Tyson. Comment pourrait-il faire une chose pareille sans que les parents le sachent ? Et même les parents de Belville n'accepteraient pas ce genre de combine.

– Certains feraient n'importe quoi pour gagner, commente sombrement Maria.

L'entraîneur Bryant lance un coup de sifflet.

– Vous avez l'intention de vous entraîner, les Tigres ? Ou vous préférez papoter ? J'aimerais voir un peu d'action.

En hâte, Tyson envoie le ballon vers Maria. Jason, Maria et lui descendent le terrain au pas de course, en ligne, en se faisant des passes tout en changeant de place. Quand ils arrivent près du but, Maria envoie un tir violent vers le coin du cadre. Algie se jette sur le ballon avec un cri féroce.

– Beau tir, Medina ! dit l'entraîneur. Bon arrêt, Green.

Il pousse son chapeau en arrière, jette un regard vers le milieu du terrain et lance un coup de sifflet.

– Allons, allons, on reprend ! lance-t-il. Je veux que ça bouge sur ce terrain !

– C'est leur nouvel entraîneur, dit Tyson alors qu'ils remontent le terrain au trot pour se remettre en ligne. L'entraîneur Sandman. Ce ne peut être que lui.

– C'est ce que nous a dit un des parents, confirme Jason. Ils le trouvent génial.

– Je me demande s'ils le trouveraient aussi génial en voyant comment il dirige l'entraînement, riposte Tyson. Je n'y pige rien. Comment un entraîneur peut-il se moquer ainsi de ce que font ses joueurs ?

– S'il utilise des renforts, intervient Maria, pourquoi se tracasserait-il de ce que vaut la vraie équipe ? Peu importe qu'ils s'entraînent ou pas.

– Ça ne tient pas debout, dit Tyson. Les joueurs qui remportent toutes les rencontres ressemblent à ceux qu'on connaît. À ceux qu'on a vus s'entraîner. Et en même temps, ils sont différents. Comme si ceux qui disputent la partie étaient des jumeaux monstrueux des vrais joueurs.

Jason émet un grognement moqueur.

– Des jumeaux monstrueux ! Elle est bonne ! Et que fait leur entraîneur ? Il enferme les vrais Ours dans les vestiaires jusqu'à la fin de la partie ? Ouais, et puis il les hypnotise pour leur faire croire que c'est eux qui l'ont disputée.

L'entraîneur donne un nouveau coup de sifflet et ils se lancent dans une autre descente en ligne avant que Tyson puisse répondre.

– J'en ai marre de parcourir le monde à vélo pour aller espionner les Ours, dit Algie. Au cas où tu ne serais pas au courant : on vient de disputer une partie de foot !

– Et alors ?

Tyson vire dans la rue menant à l'école de Cloverdale, base des Comètes de Cloverdale. Les Ours vont rencontrer les Comètes sur leur terrain dans – Tyson regarde sa montre – cinq minutes.

– Veux-tu arrêter de te plaindre et pédaler ? dit-il.

Algie pédale mais continue à se plaindre.

– Alors, moi, je voudrais rentrer chez moi, prendre un bain et me reposer.

– Prendre un bain ? Qu'est-ce qui ne tourne pas rond, Algie ? Tu n'as dû faire que trois arrêts. Tu n'as même pas transpiré !

« On gagne et, du coup, ce que je fais n'a plus de valeur ! » pense Algie. « Mais il est vrai que les trois tirs auraient pu finir au fond des filets sans que les Tigres soient battus. Le score aurait été de 4-3 au lieu de 4-0. » Ils roulent jusqu'au bord du terrain et s'arrêtent. Les Ours et les Comètes ont déjà entamé la partie. Et on croirait voir une réédition de n'importe quelle rencontre entre les Ours et n'importe quelle équipe. Les Comètes, une équipe de petits joueurs minces et rapides qui perd rarement, tournent autour des Ours comme des abeilles. Et, comme de vrais Ours le feraient avec de vraies abeilles, les Ours balaient négligemment les Comètes, en les remarquant à peine alors qu'ils descendent lourdement le terrain. Les partisans des Comètes lancent des encouragements et tentent de se montrer enthousiastes. Mais on remarque facilement que la partie ne les amuse pas. Les Comètes s'amusent encore moins. Mais ils ne s'avouent pas vaincus. À l'occasion, leurs passes sont si rapides, basées sur l'instinct plutôt que sur une tactique établie, qu'ils réussissent à prendre du champ et arrivent à bonne distance de tir du but adverse. Malheureusement, le gardien saisit chaque fois le ballon et, avec un grognement furieux, le dégage jusqu'à l'autre bout du terrain. Le score est toujours de 0-0. La marque n'est pas restée vierge aussi longtemps depuis que les Ours ont rencontré les Tigres.

– Si on veut espionner, dit Algie, on ferait mieux d'aller du côté des Ours.

Tyson fait la grimace. Quelques minutes plus tard, Algie et lui se sont faufilés dans une tribune bourrée de supporters des Ours. Ils se glissent aussi près que possible de l'entraîneur Sandman. Il est debout à côté du banc des joueurs, près d'un tas d'équipement, de ballons de réserve et d'un énorme thermos marqué : JOUEURS DE L'ÉQUIPE DES OURS SEULEMENT. Vu de près, l'entraîneur des Ours n'a pas l'air de grand-chose. Il a une taille moyenne, bien qu'il paraisse fort trapu. Avec ses pantalons kaki, son gilet rembourré aux couleurs de l'équipe, il ressemble à tous les pères qui se massent dans les gradins pour supporter les Ours. La seule différence, c'est le mot COACH imprimé dans son dos.

– Ils ne gagnent pas ! dit un père d'une voix morose. Pourquoi ne gagnent-ils pas ? C'est pour ça qu'on paie l'entraîneur, pour gagner ! Où est le plaisir si on ne gagne pas ?

– Allons, allons ! Ne t'énerve pas, chéri !

répond une voix féminine. Ils mettent juste un peu plus de temps à s'échauffer...

Une troisième voix s'en mêle :

– Après tout, je crois que je préfère une partie serrée. C'est vrai, où est le plaisir de gagner si on domine complètement l'adversaire ?

Il s'ensuit un silence consterné. Puis la première voix lance :

– Non mais, vous êtes dingues ?

Algie et Tyson échangent un regard. Les parents des Ours, la plupart en tout cas, sont devenus des monstres. Pourtant, ils ont toujours l'apparence d'êtres humains. « Peut-être qu'en fin de compte, les joueurs ne sont pas si différents de leurs parents ! » pense Algie. Tyson reporte son attention vers l'entraîneur Sandman. Contrairement à Bryant ou n'importe quel autre entraîneur, il ne marche pas de long en large, ne lance pas d'encouragements ni d'acclamations. Les bras croisés, le menton tendu, tournant la tête d'un côté à l'autre, il suit le jeu silencieusement, avec une intense concentration. Tyson le soupçonne d'ignorer totalement ce qui se passe en dehors du terrain. Tyson réalise alors que les lèvres de l'entraîneur remuent. En s'approchant encore, il l'entend parler tout seul, à voix basse.

Ce que dit l'entraîneur ressemble presque à un reportage sportif à la radio, en plus précis.

– L'ailier gauche, en avant ; le médian gauche marque le numéro 9 des Comètes ; l'arrière gauche se déplace pour couvrir le médian...

Tyson suit le jeu, puis se retourne vers l'entraîneur. Qu'est-ce qui ne va pas ? se demande-t-il. Il y a quelque chose qui cloche ! Mais quoi ? Il s'approche encore, hypnotisé par le murmure incessant de l'entraîneur. Il est assez près pour le toucher quand un coup de sifflet de l'arbitre marque la fin de la première mi-temps. Les parents des Ours se mettent à huer. L'entraîneur se retourne. Il aperçoit Tyson et Algie. Sa lèvre supérieure se retrousse et il émet un grognement.

– Qu'est-ce que vous fichez là ? aboie-t-il. Éloignez-vous de ce thermos !

Chapitre 7

Les Ours se dégonflent

Tyson recule d'un bond. Il percute Algie. Algie tombe à la renverse sur le banc des joueurs. Les chaussures, les sacs de sport tombent pêle-mêle. Instinctivement, Algie fait un geste brusque pour arrêter la chute de l'équipement. Son bras heurte le thermos.

– Que faites-vous, petits crétins ? tonne l'entraîneur.

Le thermos part comme une toupie folle... L'entraîneur se précipite vers lui. Tyson s'esquive vers la gauche. Acculé, Algie plonge sous le banc, emportant le thermos vacillant qui touche le sol près de lui et rebondit. Le bouchon tombe. Un liquide pourpre et trouble se répand au sol avec un sifflement.

– Nooon ! hurle l'entraîneur. Arrêtez !

Algie n'attend pas la suite des événements. Il

court se mettre à l'abri comme un lapin effrayé. Il a presque atteint son vélo quand une main s'abat sur son épaule.

– Lâchez-moi ! hurle-t-il. Je me plaindrai !

– Tu perds la tête, Algie Green, dit Tyson en haletant.

Algie fait volte-face...

– T... Tyson ?

Il se penche en avant pour chercher son souffle.

– Je croyais avoir affaire à Sandman !

– Mais non ! Il a fait un geste pour nous attraper, mais il n'a même pas essayé de nous poursuivre. Il doit savoir que nous sommes trop rapides pour lui.

Tyson arbore un large sourire de satisfaction.

– Bien. Super. Alors, tirons-nous d'ici ! dit Algie en se redresssant.

– Pas si vite, l'as des filets. Il reste une mi-temps et nous avons encore de la besogne à faire.

– Quoi ? Pas question. Non, non et non !

Mais il proteste en vain. Tyson s'est déjà retourné et se dirige vers le terrain. Algie lance vers son vélo un regard plein de regrets. Puis il capitule et suit Tyson. Au moins, se dit-il, Tyson se dirige vers le côté des Comètes. Les supporters des Comètes ne semblent pas remarquer Algie et Tyson quand ils escaladent les gradins pour prendre place en haut de la tribune. Ils sont trop occupés à acheter des friandises et des limonades à une échoppe au pied des gradins. SUPPORTEZ VOTRE ÉQUIPE dit une pancarte sur la table. Une dame joviale, vêtue d'un tee-shirt des Comètes, dirige la vente. Pas loin de la tribune, au bord du terrain, les Comètes sont assis en demi-cercle autour de leur entraîneur féminin qui donne ses consignes. Tyson envoie un coup de coude à Algie et indique l'autre côté du terrain. Des silhouettes semblent courir en tout sens, comme des fourmis furieuses. Des cris résonnent par-dessus la pelouse.

– Tu crois qu'ils nous cherchent encore ? demande Algie.

– Pourquoi feraient-ils ça ? On n'a rien fait... Ou, en tout cas, pas grand-chose. C'est toi qui as renversé ce thermos !

– Tu m'as bousculé !

Algie se penche en avant et touche l'épaule d'un partisan des Comètes.

– Pardon, M'sieur... On pourrait emprunter vos jumelles ? Juste un instant !

– Bien sûr, dit l'homme.

Algie place les jumelles en face de ses lunettes et fait le point sur le clan des Ours. En les voyant de près, il réalise qu'eux-mêmes ne courent pas du tout. Ils se tiennent en ligne, raides comme des piquets et regardent leur entraîneur qui, lui, court comme un forcené. Il crie et gesticule et paraît vraiment furieux... Dans un geste de colère soudain, il donne un grand coup de pied dans le thermos et le propulse dans les airs. Plus il hurle, plus les Ours semblent rétrécir. Ils se dégonflent. Algie a presque pitié d'eux.

– Laisse voir, fait Tyson en saisissant les jumelles. Mince ! Il se déchaîne vraiment contre ce thermos.

– À qui le dis-tu ! répond Algie.

L'entraîneur ramasse le thermos, avant de le jeter par terre à nouveau. Un père de joueur s'avance en tendant une bouteille de boisson vitaminée. L'entraîneur la repousse violemment. À son tour, la bouteille part dans les airs cul par-dessus tête, répandant autour d'elle son contenu orange. Certains des Ours se tournent lentement pour regarder la bouteille comme s'ils étaient terriblement assoiffés. Cela semble augmenter encore la colère de l'entraîneur. Le sifflet de l'arbitre rappelle les joueurs pour la seconde mi-temps. L'entraîneur secoue la tête en grognant quelque chose. Les Ours regagnent la pelouse et

Sandman s'éloigne en titubant, emportant le thermos. Tyson remarque alors quelque chose d'inhabituel.

– Hé, les gars, j'ai besoin de mes jumelles !

– Sûr ! Merci. Merci bien, dit Tyson.

Il rend les jumelles puis donne un coup de poing dans l'épaule d'Algie.

– Regarde, dit-il. Regarde ça !

– Quoi ?

– Les Ours ! Regarde leur façon d'entrer sur le terrain. Tu ne trouves pas ça drôle ?

Algie est sur le point de répliquer qu'il n'a jamais rien trouvé de drôle chez les Ours. Mais quelque chose l'arrête. Il rajuste ses lunettes et fixe le terrain. Certains des Ours reprennent leur place d'un pas raide. Mais d'autres n'ont plus une démarche aussi rigide. Algie surprend même un des défenseurs à sautiller légèrement. Algie remarque aussi autre chose. Du premier au dernier, les Ours paraissent plus petits.

– Ils rétrécissent à vue d'œil ! lance-t-il.

– Chut ! fait Tyson en regardant nerveusement autour de lui.

– Mais c'est la vérité, réplique Algie. Il ne faut pas de jumelles pour remarquer ça. Il ne faut même pas de lunettes.

Il a raison. Sous leurs yeux, les Ours se changent en gamins ordinaires. Au fil de la deuxième mi-temps, Tyson et Algie réalisent que le changement n'est pas superficiel. De plus en plus, les Ours jouent comme la saison précédente. Ils sont toujours plutôt grands et durs et méchants. Mais ils n'ont plus leur vitesse surnaturelle. Ni leur puissance. Au fil de la bataille, les équipes se déplacent d'un bout à l'autre du terrain tandis que les secondes s'égrènent implacablement. L'entraîneur Sandman, d'habitude si calme derrière la ligne de touche, commence à perdre son sang-froid. Il crie. Il menace. Il supplie. Mais, au bout du compte, cela n'a servi à rien. Les Comètes marquent, les Ours non. Au coup de sifflet final, les Ours sont battus par 1 à 0. Quand les Comètes victorieuses et les Ours vaincus se rencontrent au milieu du terrain pour se serrer la main, les Ours ne paraissent guère plus grands que leurs adversaires. Et si leur peau a toujours une couleur morbide, leurs mouvements sont redevenus humains. Leurs épaules s'affaissent. Ils font la grimace et tendent la main avec leur mauvaise grâce habituelle. L'entraîneur Sandman décoche au thermos un dernier coup de pied vicieux et quitte le terrain... Algie et Tyson observent la scène, immergés dans l'allégresse du camp victorieux des Comètes. Aucun des deux ne doit parler pour savoir ce que pense l'autre. Les Ours ont maintenant subi une défaite, tout comme les Tigres. Ils sont ainsi à égalité et, si rien d'inattendu ne se produit, ils devront jouer un match de barrage pour le titre. Les Tigres conservent une chance de rester les champions de leur division et de participer à la coupe du comté.

Alors que les derniers supporters s'en vont, Tyson et Algie descendent lentement des gradins. Tyson s'arrête et fronce les sourcils.

– Il est toujours là, murmure-t-il.

– Qui est toujours là ? demande Algie.

– Le thermos. Le thermos des Ours. Viens !

Ils traversent le terrain. Tyson se penche pour ramasser le grand récipient argenté, maintenant tout cabossé et dépourvu de bouchon. Il le retourne. Une seule goutte de liquide pourpre s'en écoule.

– Pouah, fait Algie, c'est dégoûtant ! Une chance que je n'en ai pas reçu sur moi en la renversant.

Tyson renifle l'intérieur du thermos. Il en émane une odeur d'humidité, presque de moisi. Tyson plisse le nez.

– Qu'est-ce que c'est ? demande Tyson.

Avant qu'Algie puisse répondre, une ombre les recouvre tous les deux.

– Donnez-moi ça ! lance une voix dure et grave.

L'entraîneur Sandman se dresse devant eux. Ses yeux rétrécissent quand il les reconnaît.

– Vous ! siffle-t-il doucement. J'aurais dû m'en douter.

Puis il se force à sourire.

– Alors, on joue aux éclaireurs pour les Tigres ?

Algie ravale sa salive. L'idée que l'entraîneur Sandman sache dans quelle équipe ils jouent ne lui plaît pas trop. Rester anonyme lui semblait plus sûr. Mais il est trop tard de toute façon.

– Comment avez-vous deviné ? demande Tyson en souriant à son tour.

– Mais nous... Je... n'ai pas renversé votre thermos exprès, bredouille Algie. C'était un accident.

– Un accident. Bien sûr !

L'entraîneur Sandman tend la main.

– Je vais le reprendre, maintenant. Vous n'avez pas essayé d'en boire, j'espère ?

– Non ! Je veux dire... Il est vide. Nous l'avons juste ramassé pour vous le rendre ! dit Tyson en tendant le thermos à l'entraîneur.

Sandman le fixe pendant un long et pénible moment. Tyson fait tout son possible pour prendre l'air innocent d'un simple et naïf joueur des Tigres. L'entraîneur Sandman reprend enfin le thermos. Il hoche la tête.

– Merci, dit-il avant de s'éloigner.

– Ouf ! souffle Algie. Ce type me fiche la frousse.

Mais Tyson ne l'écoute pas. Il regarde l'entraîneur s'éloigner en balançant le thermos qui brille dans les derniers rayons du soleil.

– Si tu veux mon avis, poursuit Algie d'une voix faussement calme, c'est un entraîneur d'outre-tombe.

Tyson ne répond toujours pas.

– Oh, Tyson ? Allons-y. Il faut porter la bonne nouvelle à tout le monde. Nous sommes à égalité avec les Ours au classement du championnat. Tout ce que nous devons faire, c'est gagner les deux prochaines parties... puis les battre dans le match de barrage.

– Quoi ? Oh ! oui, tu as raison ! dit Tyson. Le thermos, pense-t-il. Il y a quelque chose d'étrange avec ce thermos.

Les Tigres remportent facilement leurs deux

dernières parties. Malheureusement, les Ours en font autant. Ils ont retrouvé leur grande forme brutale. Ils sont plus forts que jamais. Ce qui s'était produit lors du match contre les Comètes ne se reproduit plus. Mais qu'est-ce qui s'était produit au juste ? Tyson se le demande toujours. Et que pourraient faire les Tigres pour que ça arrive à nouveau ?

– Algie ? Algernon ? J'aimerais te parler un instant.

Algie s'empresse de remettre la boîte contenant ses économies dans sa cachette. Il a compté son argent et ça lui donne le cafard. Le football lui coûte plus qu'il ne l'avait pensé. Ses dépenses dépassent largement ses revenus. S'il continue à pratiquer ce stupide sport, il court à la faillite. Il est temps qu'il reprenne ses distributions de journaux et retrouve sa sérénité. Mais comment pourrait-il quitter une équipe qui gagne ? « Qui sait ? » pense Algie. « On pourrait devenir champion du comté, de l'État ou je ne sais quoi encore ! » Puis il se rappelle que les Tigres doivent d'abord battre les Ours. Ouais, bon.

– Algernon ?

– Oui, m'man, entre !

Algie ouvre son livre de sciences, prétendant

qu'il est en train d'étudier. Sa mère entre et s'assied sur la chaise en face de son bureau. Comme Algie, elle a des cheveux bruns noués en queue-de-cheval, mais les siens sont plus longs. Et elle ne porte pas de lunettes, sauf pour lire.

– Salut, m'man. Qu'est-ce qui se passe ?

Mme Green soupire. Elle replie une jambe sous elle. Elle croise et décroise les doigts. Algie la regarde, intrigué. Qu'est-ce qui la tracasse ?

– Algie, qu'est-ce qui ne va pas ? demande-t-elle abruptement.

– Hein ? Rien !

Il n'a pas envie de lui raconter ses problèmes. Certaines choses doivent rester privées. De plus, ce n'est pas tellement grave. Pas encore.

– Pourquoi ? ajoute-t-il. J'ai un comportement anormal ?

Mme Green sourit faiblement.

– Pas vraiment anormal. Seulement, tu n'as pas l'air en forme. Peut-être que tu travailles trop, avec l'école, le football et, en plus, ta tournée de journaux...

Algie sent où elle veut en venir. Sa mère va suggérer qu'il abandonne la distribution de journaux ; qu'il essaie de prendre du bon temps, comme doit le faire un garçon de son âge. « On n'est jeune qu'une fois ! » aime-t-elle répéter. Elle sourit toujours comme si elle plaisantait.

Mais Algie sent qu'elle est sérieuse. « Tant mieux si on n'est jeune qu'une fois ! » pense Algie. Être un gamin est une lourde tâche. Et elle ne paie pas bien. Il se demande si sa mère voudrait vraiment être jeune à nouveau. Si elle pouvait changer de corps avec une gamine, est-ce qu'elle le ferait ? Il en doute. Mais sa mère est un peu bizarre. Peut-être que ça lui plairait.

– Je crois que tu devrais quand même envisager de laisser tomber la distribution de journaux, dit sa mère. Garde du temps pour t'amuser.

Elle sourit d'un air apitoyé et ajoute :

– Après tout, on n'est jeune qu'une fois !

Le moment est mal choisi pour dire qu'il pense plutôt quitter l'équipe de football. Sa mère considère clairement la pratique du football comme une partie de plaisir, peu importe l'opinion d'Algie.

– Mais je m'amuse ! assure-t-il.

Elle semble en douter.

– On dirait que tu n'as jamais de temps libre à consacrer à tes amis. C'est sans doute pour ça que tu parais si tendu ces derniers temps.

Algie réfléchit rapidement et dit :

– Ah ! oui, à propos, je voulais te demander... Eh bien, Tyson m'a invité à dormir chez lui vendredi soir, avant le match de barrage contre les Ours. Si tu es d'accord, évidemment.

Algie a menti comme un arracheur de dents. Il en a honte. Mais il est trop tard pour revenir en arrière, car sa mère sourit d'un air ravi.

– Bonne idée, Algie ! s'exclame-t-elle. Bien sûr que je suis d'accord. Et bien sûr que nous serons là pour célébrer votre victoire à la fin du match.

Elle se lève, libérée de ses soucis. Algie laisse échapper un soupir de soulagement. L'idée de renoncer à sa distribution de journaux lui avait donné le frisson. Il espère que sa mère oubliera même avoir jamais envisagé une chose aussi terrible. Il espère aussi que Tyson sera d'accord pour qu'il loge chez lui la nuit avant la partie.

– Demain soir ? Bonne idée ! dit Tyson. Il lance à Algie un regard plein de compréhension.

– Tu as le trac, pas vrai ?

– Non ! dit Algie. Et pour le prouver, il s'empare d'un ballon et l'envoie dans le but à l'autre bout du terrain.

– Wow ! fait Tyson. Pas mal.

– Facile ! dit Algie.

Et il ne ment pas. Il lui a suffi de s'imaginer que le ballon était la tête d'un des Ours. La partie du surlendemain contre les Ours ne l'effraie pas. La partie la plus importante de la saison, celle qui compte vraiment... Elle ne l'effraie pas, elle le terrifie !

Chapitre 8

Excursion nocturne

Il hurle. Il hurle à nouveau. Il ne peut plus s'arrêter de hurler.

– Algie, stop ! Du calme ! Réveille-toi !

Tyson se penche et frappe le bras d'Algie. Algie se redresse dans son lit comme un ressort et envoie son pied dans l'estomac de Tyson.

– Aouuu ! fait Tyson.

– Aaaaaaah...

Le hurlement d'Algie s'éteint enfin. Quelqu'un frappe à la porte et l'entrouvre. M. Walker se tient là, en pyjama, les yeux lourds de sommeil.

– Qu'est-ce qui se passe, ici ?

– Pas de problème, papa. Algie a juste fait un mauvais rêve.

– Vous n'auriez pas dû regarder cette vidéo.

– *La Nuit des zombies* est un chouette film ! dit Tyson. M. Walker hausse un sourcil.

– Vous voulez de l'eau ? Ou peut-être du chocolat chaud ?

– Merci, papa, mais ça ira.

– Et toi, Algie, ça va ? demande M. Walker.

– Mmmoui, fait Algie.

Tyson constate avec soulagement que cela semble satisfaire son père. M. Walker adresse un signe de tête aux deux garçons puis ferme la porte et s'éloigne en traînant ses pantoufles.

– Algie, qu'est-ce qui t'arrive ? Tu as remué et marmonné toute la nuit. Je dois dormir, mon vieux. La partie, c'est...

Il jette un coup d'œil au réveil. Il marque minuit cinq.

– ... C'est ce matin !

– J'ai encore eu le même rêve, dit Algie.

– Quel rêve ?

– Celui qui m'a poursuivi toute la nuit.

Algie fronce les sourcils et s'assied dans son lit.

– Du moins, j'ai l'impression qu'il s'est répété sans cesse. Mais ce n'était peut-être qu'un seul long et horrible cauchemar.

Il frissonne.

– Si tu me le racontes, peut-être que ça te fera du bien, propose Tyson.

Algie réfléchit pendant un bon moment. Puis il

dit :

– Eh bien, il me poursuit. Je suis dans ma tenue de gardien de but et il me poursuit...

– Qui te poursuit ? demande Tyson en s'efforçant d'être patient.

– Un gros ballon d'argent. Je cours, je l'évite et je cours et je l'évite encore... Mais il me suit partout où je vais.

Tyson hoche la tête d'un air savant.

– Un système chercheur, dit-il. Comme ceux qu'ils ont sur les torpilles et tous ces trucs qu'on voit dans les films. Sans doute réglé sur la température du corps humain.

– Alors, je décide de me retourner et de le détourner d'un coup de poing. Comme les ballons que je détourne au-dessus de ma cage, tu vois ? Mais quand je le frappe, il explose et ce liquide rouge se répand partout. Et je sais que s'il me touche, j'en mourrai...

– Stop ! Stop ! dit Tyson en se dressant d'un bond. C'est ça... Tu as trouvé l'explication !

– Est-ce que je pourrais finir mon histoire, si ça ne te dérange pas ?

Algie fixe Tyson de son mieux. Comme il n'a pas ses lunettes, ce n'est pas facile. Tyson empoigne Algie et le traîne hors de son lit.

– Lève-toi ! Habille-toi ! On doit y aller.

– Aller où ?

– On n'a pas beaucoup de temps. Grouille-toi !

Algie commence à s'habiller. Tout vaut mieux que de se rendormir et de revivre ce cauchemar.

– Mais où va-t-on ? insiste-t-il. Qu'est-ce que j'ai trouvé ?

– Tu es un génie. Tu savais ça ? Tu as pensé à ce mystère tout le temps, même si tu n'étais pas conscient.

Heureux d'être appelé un génie, Algie noue les lacets de ses tennis et se lève.

– Mais quel mystère est-ce que j'ai résolu ?

– Comment l'entraîneur Sandman a transformé les Ours en superjoueurs. Et comment on peut y mettre fin.

Algie, soudain très inquiet, se fige.

– Allons, viens, on perd du temps ! dit Tyson.

– Un instant ! Où veux-tu aller exactement ?

– Au bureau de l'entraîneur Sandman, à l'académie de Belville, répond Tyson comme si c'était parfaitement normal.

Algie prend ses lunettes et les perche nerveusement sur son nez.

– Tu es dingue ? Tu dis ça sérieusement ?

– Affirmatif. Pour une question comme pour

l'autre.

L'académie de Belville est encore plus sinistre de nuit que de jour. Algie attrape déjà la chair de poule quand il arrête son vélo devant le portail fermé.

– C'est une mauvaise idée, dit-il. Une très mauvaise idée.

Tyson fait semblant de ne pas l'entendre. Il pousse son vélo à l'ombre des buissons comme s'il faisait ce geste tous les jours.

– Voilà ce que je pense... commence Tyson.

Il se hisse au-dessus du muret de pierre et attend qu'Algie le rejoigne.

– L'entraîneur Sandman a une sorte de produit spécial qu'il donne aux Ours. Et quand ils l'ont pris, ils balaient tout sur leur passage.

– Et parfois ils sont battus. Comme au match contre les Comètes... quand j'ai renversé le thermos !

Algie est astucieux, Tyson doit l'admettre. Ses opinions au sujet du football sont stupides, mais il est astucieux.

– Exactement ! dit Tyson.

– Chut ! souffle Algie.

Puis il ajoute platement :

– Tu es dingue. Un produit spécial... Bah ! On

dirait un stupide film de science-fiction.

« Astucieux, mais dépourvu d'imagination ! » pense Tyson.

– C'est une explication sensée ! dit-il. Tu dois le reconnaître...

– Je le reconnais. Mais je n'y crois pas ! Ce n'est qu'une coïncidence.

– Si c'en est une, nous ne trouverons rien. Si j'ai raison...

Tyson laisse sa phrase en suspens. Algie sent un frisson parcourir les poils de sa nuque, sous sa queue-de-cheval. Cherchant instinctivement à gagner un peu de temps, il demande :

– Pourquoi le bureau de l'entraîneur ? Que va-t-on y faire ?

– J'ai deux bonnes raisons, répond Tyson en commençant à s'avancer, le dos courbé. C'est l'endroit le moins dangereux à visiter et, de plus, je ne sais pas où habite Sandman.

Un coup de vent balaie les arbres qui s'agitent lugubrement. Algie s'empresse de rejoindre Tyson. Dans l'obscurité, les pelouses parfaitement entretenues et les beaux murets de pierre ont pris un air menaçant. Au-dessus d'eux, la lune est réduite à un croissant en forme de rognure d'ongle. Les étoiles semblent produire plus de lumière qu'elle, et ce n'est pas grand-chose. Mais ils ne peuvent pas utiliser de lampe de poche. Ils risqueraient d'être aperçus. Qui, pourtant, rôderait autour d'une école au milieu de la nuit ? Algie pense à Bart de la Cave, le concierge plus que bizarre de l'École du cimetière, qui est toujours dans ses parages. Il frissonne. Rencontrer Bart de la Cave en plein jour est déjà suffisamment effrayant. Puis il repense aux affreux et énormes joueurs de l'équipe des Ours. Il s'imagine affronter cette équipe la nuit, sur le terrain de l'académie de Belville. Cette pensée le rend malade. Arrête ça ! se dit-il. Même si cet élixir de football existe vraiment, ils ne le boivent qu'à l'occasion des rencontres. Et son effet ne dure pas. Les Ours doivent être à la maison, paisiblement endormis. Et je devrais y être aussi ! Tyson s'est arrêté. Algie l'imite.

– Regarde, murmure Tyson. Il y a quelqu'un dans le gymnase.

Une petite lumière scintille derrière les vitraux des hautes fenêtres, passant de l'une à l'autre. Tyson et Algie se ruent en avant. Mais la lumière a disparu. « C'est un fantôme ! » pense Algie. Il y a un fantôme dans le gymnase ! Qui d'autre se trouverait là après minuit ? Les a-t-il entendus ? Et s'il s'était furtivement glissé derrière eux ? Algie se retourne d'un bond. Son brusque mouvement fait sursauter Tyson.

– Veux-tu arrêter ? gronde-t-il.

– Si on arrêtait plutôt de rôder dans le noir ? Si on agissait ? se plaint Algie.

Puis il ajoute, avant d'avoir vraiment réfléchi :

– Peut-être que la porte de la salle de sport est ouverte !

Même s'il pouvait ravaler ses paroles, il n'en aurait pas l'occasion. Tyson est parti comme une flèche. De jour comme de nuit, Tyson est rapide et agile. Algie le suit en trébuchant. La porte n'est pas fermée à clé. Ils se glissent à l'intérieur. Algie s'efforce de surprendre un bruit. N'importe lequel. Même celui d'un ballon de basket fantôme rebondissant sur le sol. Mais tout ce qu'il entend, ce sont ses propres halètements. Pendant ce qui lui semble une éternité, ils restent là dans le noir, attendant, épiant... Alors qu'Algie se dit qu'il a les nerfs ruinés à jamais, une main effleure son épaule.

– Regarde ! souffle Tyson.

Algie plisse les yeux.

– Quoi... Oh !

Une porte au bout de la salle est entrouverte. Un

rai de lumière l'encadre. Algie ne sait pas s'il doit être content ou désolé. La lumière signifie qu'ils n'ont pas affaire à un fantôme. Les fantômes n'utilisent pas l'éclairage électrique. Mais si ce n'est pas un fantôme, qui est-ce ? Qui donc pourrait se trouver si tard dans le gymnase ? Alors que Tyson s'avance à pas de loup, Algie serre les dents. Il n'existe qu'un moyen d'en avoir le cœur net. Une fois de plus, il suit Tyson. Une fois de plus, il l'imite et vient se placer près de la porte, le dos plaqué au mur. Ils entendent des tiroirs et des armoires s'ouvrir et se fermer de l'autre côté de la porte. Des objets tintent et s'entrechoquent, comme si on faisait la vaisselle. Puis, subitement, la porte s'ouvre et l'entraîneur Sandman, chargé d'un grand récipient en verre, entre dans la salle de gymnastique.

Chapitre 9

La recette secrète

Algie et Tyson sont glacés d'effroi. L'entraîneur Sandman ne les voit pas. En portant soigneusement un grand saladier, il suit le couloir de lumière qui se dessine sur le sol du gymnase. Il se dirige vers un robinet pour remplir d'eau son récipient. Il nous verra en revenant, pense Tyson avec angoisse. Et ils n'ont aucun endroit où courir, aucune place où se cacher dans la grande salle vide. Il ne reste que le bureau de Sandman ! Tyson agrippe Algie et l'y propulse par la porte ouverte. Le bureau est aussi grand que celui du proviseur à l'École du cimetière. Et il est plus agréable ; tout y semble neuf et cossu. Une vitrine vide se dresse contre un mur, attendant les nombreux trophées que l'entraîneur a promis à l'académie de Belville. Près d'elle, il y a une armoire et des meubles de rangement munis de serrures. Puis une table sous laquelle on a placé un frigo. Le troisième mur est couvert de classeurs. Un bureau flambant neuf, apparemment inutilisé, occupe le milieu de la pièce. Sous la fenêtre, des étagères sont restées pratiquement vides. Algie remarque que la fenêtre est fermée par de lourds volets. Les volets sont verrouillés eux aussi. Des pas résonnent dans la salle de gym. Le regard de Tyson rencontre celui d'Algie. Il se demande si la panique se lit autant dans ses yeux que dans ceux de son compagnon, en espérant que non. Il parcourt frénétiquement la pièce du regard. Et il le voit... Un étroit espace sombre entre une armoire et le coin du mur. En un seul bond, il entraîne Algie au travers de la pièce, le pousse dans l'encoignure et s'y engouffre à son tour. Ils peuvent tout juste y tenir. Les pas se sont arrêtés sur le seuil. Tyson retient son souffle et écoute battre son cœur. Derrière lui, il entend Algie avaler péniblement sa salive. Doit-il vraiment le faire aussi bruyamment ? Le bruit de pas a repris. Ils traversent la pièce en direction de la table. Tyson ferme les yeux, soulagé. L'entraîneur ne les a pas vus. Il ignore toujours leur présence. Le soulagement de Tyson se change en excitation. Ils vont réussir au bout du compte. Il le sent au fin fond de lui-même. Lentement, centimètre par centimètre, Tyson s'accroupit davantage. Puis, plus lentement et plus précautionneusement encore, il se penche pour jeter un coup d'œil à l'angle de l'armoire. Derrière lui, en s'appuyant sur son dos, Algie fait de même. L'entraîneur Sandman est assis devant la petite table. Le réfrigérateur est ouvert. Des bouteilles et des flacons de liquides et de poudres aux couleurs sombres et peu engageantes encombrent la table. Un petit carnet ouvert est posé d'un côté ; de l'autre se trouve le saladier d'où dépasse une cuiller en bois. Le grand thermos argenté trône au milieu. Tandis qu'ils l'observent, Sandman parcourt du doigt une page de son carnet. Puis il prend dans un pot une pincée de poudre grise et la jette dans le saladier. Il mélange soigneusement en vérifiant attentivement le résultat de l'opération. Puis il prend une bouteille et en verse le contenu goutte à goutte, en les comptant. Il mélange à nouveau. Tout en vérifiant de temps à autre sa recette, il ajoute une pincée de ceci, un trait de cela. Tyson s'attend à voir de la fumée s'élever du récipient. Mais rien de tel ne se produit. Enfin, Sandman cesse de remuer son mélange. Il vérifie une dernière fois sa liste, note quelque chose dans le carnet qu'il referme et le pose à côté. Avec grand soin, il verse le contenu du saladier dans le thermos qu'il met ensuite au frigo. Il range les bouteilles et les flacons dans une armoire et la ferme à clé. Ensuite, il quitte la pièce, emportant le saladier vide. Tyson se glisse hors de sa cachette.

– Où vas-tu ? dit Algie, en oubliant presque de parler tout bas. Tu es ...

– Chut !

Tyson traverse la pièce comme une flèche et s'empare du carnet. Il le feuillette fébrilement. Toutes les pages sont couvertes d'une écriture serrée. Son cœur se serre. Il n'aura jamais le temps de tout lire pour découvrir ce qui est important. Il aperçoit alors une liste... Au même instant, il entend des pas pesants revenir vers le bureau.

– Tyson ! murmure Algie. Tyson, grouille-toi !

Tyson arrache quelques pages du carnet, le referme et rejoint sa cachette en trois enjambées. L'entraîneur Sandman revient dans le bureau. Ils l'entendent ouvrir et fermer une armoire. Puis il ouvre un tiroir. Tyson, les yeux fermés, voit Sandman prendre son carnet, remarquer les pages arrachées... Se lever... Parcourir la pièce des yeux... Le tiroir se referme. Des pas traversent la pièce. On entend un cliquetis de clés. Les lumières s'éteignent, la porte se ferme. Le silence retombe sur la pièce. C'est le plus beau son qu'Algie ait jamais entendu. À l'exception du son que fait un ballon de foot quand son pied l'expédie droit vers le but. Algie donne une bourrade à Tyson.

– Je me sens comme une sardine dans une boîte, dit-il. Bouge-toi !

– Les souhaits du gardien sont des ordres, lance gaiement Tyson en s'extrayant de sa cachette.

Le bureau est sombre comme un tombeau.

– Allume la lumière ! dit Algie.

– Tu veux rire ? proteste Tyson.

– Mais les volets sont fermés ! On ne peut pas nous voir, sauf de la salle de gym.

Après une pause, il ajoute :

– Au moins, je vais utiliser ma lampe de poche. Il nous faut un peu de lumière.

– D'accord.

Dans l'étroit faisceau lumineux de la lampe de poche, Tyson défroisse les pages arrachées du carnet. Il cherche celle qui portait une liste. L'écriture est épaisse et anguleuse et Tyson ignore beaucoup des mots qu'il déchiffre. Certains paraissent provenir d'une langue étrangère. Quant aux chiffres, ils semblent sortis tout droit du livre de chimie de son frère. Mais il ne faut pas être grand devin pour comprendre qu'il s'agit d'une formule. Ni pour comprendre à quoi sert cette formule. Un mot, en particulier, lui glace le sang. Les yeux rivés sur le papier, il se rappelle la démarche étrange des Ours quand ils montent sur le terrain. Il se rappelle leur regard absent et leur peau livide. Il se souvient aussi qu'ils n'ont jamais montré la moindre émotion. Et, pire encore, il revoit l'entraîneur Sandman les diriger à distance. Car il commande leur esprit, leur dicte ce qu'ils doivent faire ou ne pas faire. Pas étonnant qu'il se soucie si peu de leur entraînement. Pas étonnant qu'ils ne sachent pas penser par eux-mêmes, qu'on puisse les battre en jouant très vite, de façon très créative. L'entraîneur Sandman lui-même ne peut pas tout prévoir. Et les Ours sont incapables de penser et créer par eux-mêmes. Et pour cause !

– Bon sang ! Je comprends qu'il ait pété les plombs quand j'ai renversé son thermos, murmure Algie en lisant par-dessus son épaule. Ce n'est pas la recette d'une nouvelle boisson vitaminée. Regarde, regarde ce qui est écrit... Sandman a fait boire à ses joueurs un truc qui les change en zombies !

Chapitre 10
Au placard

Il a raison. C'est pire encore que ce qu'avait pensé Tyson. Les Tigres et toutes les autres équipes n'ont pas joué au foot contre les Ours de Belville. Ils ont affronté des morts vivants.

– Mais je pensais qu'il fallait mourir avant de devenir un zombie ! dit Tyson, déconcerté. Comme dans *La Nuit des zombies* . Et c'est la personne qui vous ramène à la vie qui vous contrôle.

– Tu crois que les Ours sont vraiment tous morts ? fait Algie en avalant sa salive. Puis il y réfléchit et dit :

– C'est impossible. Leurs parents le sauraient. Ou alors, il faudrait qu'ils soient morts aussi.

– Ça ne tient pas debout. Mais regarde ces notes en marge des formules : *« Décuple la force des zombies ; une trop forte dose peut être fatale. »* ou celle-ci : « *Réputée la plus efficace pour contrôler l'esprit des zombies* ». Pas de doute, il abreuve son équipe de potion pour zombies.

Algie sursaute.

– Alors, il faut prendre ce thermos et le vider quelque part ! lance-t-il. Puis filer d'ici. Je ne veux pas devenir un zombie, moi !

– Il faut remplacer le contenu par autre chose, dit Tyson. Pour qu'il ne s'en rende pas compte.

– Il va remarquer que tu as sa formule, objecte Algie.

– Peut-être pas tout de suite. S'il ne le découvre pas trop vite, nous aurons le temps d'imaginer quelque chose.

Ils ouvrent le réfrigérateur. Algie s'empare du thermos et se rue vers la porte. Elle n'est pas fermée à clé. L'entraîneur Sandman a été négligent en laissant la porte ouverte alors que sa potion était dans le frigo.

– Je vais vider ça aux toilettes, dit Algie.

Il sourit et ajoute :

– Dommage qu'on ne puisse pas en ramener un peu pour les toilettes de l'École du cimetière. Car un fantôme a été repéré il y a peu dans les toilettes des garçons. Du moins, c'est ce qu'on raconte à l'école.

En souriant toujours, Algie ouvre la porte toute grande.

– Aaaah !

Il a bondi en arrière en poussant un cri de terreur. L'entraîneur Sandman se dresse devant lui, les bras croisés. Il le fixe de ses petits yeux pâles et méchants. Ses lèvres sont retroussées dans un rictus mauvais.

– Eh bien, eh bien ! dit-il. Mais qui voilà ? Le placard n'est pas très grand. Mais il est très solide.

– Je ne voudrais pas être pessimiste, dit Algie en faisant courir le faisceau de sa lampe sur la porte. Mais je ne crois pas qu'on sortira d'ici de si tôt.

– Il le faut ! dit Tyson. Nous avons un match à jouer dans moins de – il consulte sa montre – sept heures.

– Il est plus de trois heures du matin ? Mince ! Je n'ai jamais été dehors aussi tard, soupire Algie.

Il fait la grimace.

– J'espère seulement que ce n'est pas ma dernière nuit sur terre.

– Nous ne sommes pas encore morts ! dit Tyson.

Il l'a pourtant cru pendant un instant. L'entraîneur Sandman lui a soudain semblé plus grand et beaucoup plus méchant que dans son souvenir. Il est, en tout cas, bien plus fort qu'il n'en a l'air. Tyson s'en rappelle en massant sa nuque à l'endroit où Sandman l'a empoigné alors qu'il tentait de prendre la fuite.

– Posez le thermos sur la table, leur a dit l'entraîneur d'une voix menaçante.

Algie, la bouche ouverte et les cheveux dressés sur la tête, a obéi. Le thermos a heurté brutalement la table.

– Il est incassable, a dit l'entraîneur Sandman. D'ailleurs, il est couvert par une garantie de cinq ans pour un usage normal.

La phrase a semblé beaucoup l'amuser. Il a secoué la tête.

– Un usage normal ! a-t-il répété.

Puis il a à nouveau fixé Algie et Tyson.

– Ainsi, mes chers petits amis footballeurs, vous avez deviné mon secret.

– Une potion pour zombies ! a lancé Algie. Quelle tricherie !

L'entraîneur a éclaté de rire.

– Et alors ? a-t-il dit en avançant d'un pas. Il m'a fallu des années de recherches pour mettre cette formule au point. Je vais la faire breveter et la lancer sur le marché. Je n'ai pas encore réfléchi à la marque... Mais je ne crois pas que *Potion pour zombies* fasse l'affaire. Cela pourrait intimider les gens. Je pense plutôt à quelque chose où figure le mot naturel. Qu'en dites-vous ?

– Les gens ne veulent pas devenir des zombies pour gagner, a répliqué Tyson. Ce n'est pas amusant. Et en plus, il faut être mort pour devenir un zombie.

– Certaines personnes feraient n'importe quoi pour gagner. Mais ma formule ne requiert pas la mort de l'utilisateur. C'est toute son originalité : elle agit sur les vivants. Les responsables d'équipes professionnelles me paieront une fortune pour ce produit.

Les yeux de l'entraîneur sont devenus rêveurs.

– Toutes ces années de recherches, de voyages, d'expériences. Les ricanements et les commentaires ironiques que j'ai dû subir. Tous ces gens qui se sont moqués de moi... Ils ne riront plus quand j'aurai lancé mon produit pour l'amélioration des performances sportives.

– Ce sont des joueurs épouvantables. Ils sont assommants à regarder et assommants à affronter ! a protesté Tyson.

– Et puis ? Ils gagnent. Les parents sont heureux. L'école est heureuse. Et même si les joueurs ne se souviennent pas des parties, ils sont heureux d'apprendre qu'ils ont gagné. À vrai dire, ce petit test a été plus positif que je ne l'espérais. Aujourd'hui, l'académie de Belville... Demain, le monde !

Pendant ce temps, Algie tâtait le bouton de porte du placard. Il l'a lentement tourné, en disant à voix haute pour distraire l'entraîneur :

– Et les effets secondaires ? Vous croyez que les gens aimeront être changés en zombies ?

– Ils subiront n'importe quoi pour être au sommet ! a affirmé Sandman d'un air un peu moins rêveur. Regarde les héros du sport moderne ! Des héros ? Bah ! Et d'ailleurs, mon produit est unique. Ses effets ne sont pas permanents, ils se dissipent. Voilà pourquoi les gens devront en acheter régulièrement.

Algie a soudain ouvert la porte, poussé Tyson dans le placard et refermé la porte derrière lui. L'entraîneur s'est rué sur la porte. Mais il était trop tard. Algie et Tyson s'y appuyaient de toutes leurs forces, en s'arc-boutant contre le mur au fond du réduit. Après quelques instants, l'entraîneur a cessé de s'acharner sur la porte.

– Très bien, a-t-il conclu. Vous pouvez parfaitement rester là jusqu'à ce que j'aie décidé de votre sort.

La clé a tourné dans la serrure. Et l'entraîneur a éclaté de rire. Il riait toujours quand il a quitté le bureau en fermant les lumières, laissant Tyson et Algie dans le noir. Tandis que Tyson revit en pensée ces rebondissements dramatiques, Algie continue à inspecter la porte.

– Hé ! s'exclame-t-il soudain, les charnières sont à l'intérieur.

À l'instant, Tyson se sent mieux.

– Tu veux dire que...

– Oui ! Si on arrive à les dévisser, la porte tombera. Mince, je n'arrive pas à croire qu'il n'a pas pensé aux charnières. Ou il a cru que... Il nous prend pour des zombies ou quoi ?

La tâche n'est pas facile, mais Tyson et Algie réussissent finalement à libérer la porte de ses charnières. Algie gagne l'autre bout de la pièce en tâtonnant et allume la lumière.

– Chouette ! s'exclame-t-il. Les gonds de la porte sont aussi vissés à l'intérieur. Au boulot !

– Non, attends !

– Tu as raison, admet Algie. Je perds la tête. Il y a un téléphone dans ce bureau ! Il saisit le combiné.

– Non, laisse ça.

– Tu es vraiment timbré, dit Algie. Tu crois que je vais rester ici pour découvrir ce que Sandman, le roi des zombies, compte faire de nous ? On a sa formule. Jetons sa potion et tirons-nous !

– Attends, Algie. Réfléchis. Si on fait ça, Sandman s'en rendra compte. Qu'est-ce qui l'empêchera de préparer en vitesse une autre dose de potion ?

– C'est toi qui as la formule.

– Il la connaît peut-être par cœur. Ou il a pu faire des copies. On ne peut pas courir ce risque.

– Je sens que je ne vais pas aimer ça, soupire Algie en déposant le combiné. Mais c'est quoi, ton plan génial ?

– Eh bien, eh bien, les petits fureteurs sont toujours là ? Quelle surprise ! L'entraîneur Sandman rit de bon cœur.

– S'il vous plaît, monsieur l'entraîneur, laissez-nous partir ! supplie Tyson. On ne dira rien à personne. On veut juste jouer au foot. C'est promis !

– Vous laisser partir ? Hum... Non, non !

Les yeux de l'entraîneur lancent des éclairs et Tyson se fait tout petit.

– Laisser deux gamins m'empêcher de devenir

riche ? Pas question.

Au grand soulagement de Tyson, l'entraîneur claque la porte et la verrouille à nouveau. Ils l'entendent ouvrir et fermer la porte du réfrigérateur. Puis il lance :

– Je m'occuperai de vous plus tard. Après qu'on aura battu les Tigres et remporté le championnat.

Il claque la porte du bureau et la ferme à clé. Algie et Tyson laissent s'écouler cinq longues minutes. Puis ils se remettent au travail. Ils ont un match à disputer bientôt et s'ils ne se dépêchent pas, ils rateront le coup d'envoi.

– James ! Psst ! Par ici !

Tyson appelle son frère aîné. Il a enfoncé jusqu'à ses sourcils la casquette de base-ball qu'il a empruntée à Kristin. Pendant ce temps, Algie prétend voir clair au travers des lunettes noires que Maria lui a prêtées. Considérant qu'il vaut mieux rester aussi discrets que possible, Algie et Tyson s'asseyent derrière le banc des Tigres, à l'endroit où leur équipement est empilé au plus haut. Le reste de l'équipe est déjà en train de s'échauffer sur le terrain. Algie et Tyson font des exercices d'assouplissement tandis que leur entraîneur leur passe un savon pour avoir manqué le bus et oublié leur équipement.

– Vous n'entamerez pas le match, conclut-il. Ni l'un ni l'autre. Pas avant que vous ne soyez correctement échauffés comme le reste de l'équipe. Ils s'inclinent sans protester. Il vaut mieux que l'entraîneur Sandman les aperçoive quand il sera trop tard pour réagir. James les rejoint en hâte.

– Je n'arrive pas à croire que vous êtes partis trop tôt pour le match, mais en oubliant votre équipement ! dit-il en laissant tomber près d'eux leurs sacs de sport. Qu'est-ce qui ne tourne pas rond, les gars ?

– Je regrette qu'on ait dû t'appeler si tôt, dit Tyson en souriant. On voulait être sûrs de ne pas te manquer.

– Tout le monde dormait encore, grogne James. Puis il sourit à son tour et donne une bourrade à son frère.

– Bonne chance ! On sera là pour vous encourager.

Il se dirige vers les gradins pour rejoindre les autres. L'assistance est nombreuse, remarque Tyson. Presque tous les parents de joueurs sont là, ainsi que la plupart des profs et quasiment tous les élèves. Bien, se dit Tyson alors qu'Algie et lui passent leur tenue, j'aime gagner devant un grand public !

L'arbitre lance un coup de sifflet. Les deux équipes viennent tirer au sort la mise en jeu du ballon. Chacun prend sa position. L'arbitre lève le bras. Le second gardien des Tigres, Maria, lève le sien d'un air maussade. Le gardien des Ours, qui semble assez désorienté, l'imite. L'arbitre donne le signal du coup d'envoi. Du bout du pied, Tyson envoie un ballon vers Algie qui le capte avec assurance. Ils échangent un sourire.

– Que la partie commence ! crie Tyson.

Chapitre 11

L'affrontement final

Les Ours sont toujours grands et plutôt étranges. Leurs mouvements sont toujours raides. Pendant les premières minutes de la partie, ils dominent le jeu en se déplaçant comme des pantins manipulés depuis la ligne de touche par un marionnettiste. Ou par un maître de zombies qui contrôle leur corps et leur esprit. Mais ils deviennent plus petit et plus ordinaires au fil du temps. Ils ressemblent moins à des zombies et plus à des gamins. Ils se laissent aller et commencent à se plaindre auprès de l'arbitre et à s'enguirlander l'un l'autre. De derrière la ligne de touche, Algie et Tyson regardent l'entraîneur Sandman croiser les bras d'un air contrarié quand un joueur des Ours expédie le ballon hors des limites.

– Changement ! crie l'entraîneur Bryant. Green, Walker, entrez en jeu.

Sous un tonnerre d'applaudissements, Tyson et Algie gagnent le terrain. Du coin de l'œil, Tyson regarde l'entraîneur Sandman pâlir sous le choc. Tyson sourit. Quelle belle journée pour jouer au foot !

– En avant ! En avant ! En avant !

Tyson obéit. Il expédie le ballon vers Jason, qui passe en retrait à Maria. Avec la légèreté d'un insecte courant à la surface de l'eau, elle zigzague entre les Ours vacillants. D'une chiquenaude de l'extérieur du pied, elle adresse à Tyson une passe parfaite. Il tire. Le gardien se détend trop tard et bien trop peu pour empêcher la balle d'échouer dans le coin supérieur gauche du filet. Le public est déchaîné.

– Encore trois minutes ! lance quelqu'un.

Les Ours contre-attaquent désespérément. Mus par la peur et, peut-être, les derniers effets de la potion, ils remontent tout le terrain et traversent la défense des Tigres. En souriant froidement, Kristin s'avance et subtilise la balle à l'avant des Ours. Il lui fait un croc-en-jambe.

– Continuez ! dit l'arbitre.

– Hé, pas de blague ! crie Algie.

Il n'en croit pas ses oreilles. Ni ses yeux.

Comme un camion de dix tonnes, l'avant des Ours fonce vers lui. Il arme son tir et expédie un boulet de canon vers le but. Algie plonge avec toute son énergie. Il se détend comme il ne s'était jamais détendu. Il sent qu'il n'atteindra pas le ballon, que son cauchemar va devenir réalité. Les Ours vont marquer et ce sera sa faute. Pourtant, à l'ultime fraction de seconde, ses doigts effleurent la balle et la détournent juste au-dessus de la transversale. Le coup de sifflet final résonne à ce moment précis. La partie est finie. Les Tigres battent les Ours par 1 à 0 et remportent le championnat. Les Ours quittent rapidement le terrain, sans même venir serrer la main à leurs adversaires. Les supporters des Tigres désertent les gradins et envahissent la pelouse pour porter en triomphe les joueurs et l'entraîneur. Ils crient et scandent des chants de victoire. À l'autre côté du terrain, l'entraîneur Sandman empoigne son thermos argenté pour le jeter à la poubelle. Les lunettes de travers, serrant toujours le ballon contre lui, Algie est promené sur les épaules de ses admirateurs.

– Hé ! lance-t-il. Hé, Tyson ! Je crois que je commence à aimer ce jeu.

– Mes parents m'attendent. Ils pensent que je

suis venu ici pour vous serrer la main. Alors, ne tentez pas de coup tordu ! prévient Tyson.

L'entraîneur Sandman se détourne du tiroir ouvert de son bureau. Il tient le carnet dont les pages ont été arrachées. La rage qui déforme son visage fait reculer Tyson. Mais il ne s'enfuit pas.

– Comment avez-vous fait ? grogne l'entraîneur.

– Très simple. Si simple qu'un zombie aurait pu en faire autant, dit Tyson en savourant le rictus de Sandman. Nous avons dévissé la porte du placard. Puis nous avons fabriqué notre propre potion, à base de jus de raisin et d'orange, plus une larme de la vraie mixture pour que vous ne suspectiez rien. Ensuite, nous sommes retournés dans le placard, ni vu ni connu.

– Petits voyous ! Rendez-moi ma formule !

– Pour que vous puissiez la faire breveter et vendre ce poison à tout le monde ? Pas question ! dit Tyson.

– Sale petit...

L'entraîneur se contrôle à grand-peine. Tyson le voit serrer et desserrer rageusement les poings. Puis il ébauche un sourire et reprend d'une voix beaucoup plus aimable :

– Supposons que je promette de ne pas l'utiliser

pour ça. De ne jamais le faire !

– Qu'est-ce qui me dit que vous tiendrez votre promesse ? demande Tyson.

– Toutes ces années de travail ! reprend l'entraîneur. Tu ne peux pas m'enlever ça. Je ne pourrai jamais tout recommencer. C'est le travail d'une vie et je ne suis plus tout jeune. Et j'ai encore des années de recherche devant moi. Je dois découvrir le moyen de synthétiser les ingrédients les plus rares...

– Dommage que vous n'ayez pas inventé l'élixir de jouvence ! ironise Tyson.

– Je t'en prie, implore l'entraîneur. Je ne te mens pas. Rends-moi ma formule. Je ne l'utiliserai plus sur personne, je le promets.

– Alors, bon... fait Tyson. C'est d'accord. Il fourre la main dans la poche de son blouson et en extrait les feuilles froissées et déchirées.

– Si j'ai votre promesse... Et il faudra partir d'ici et ne plus y revenir.

– Oh, c'est promis, c'est promis ! D'ailleurs...

Le visage de l'entraîneur prend une expression lugubre.

– D'ailleurs, ces mauvais perdants m'ont viré. Comme si c'était à cause de moi que leurs fichus rejetons ont perdu !

L'entraîneur Sandman glisse les feuilles dans le carnet et le referme.

– Je tiendrai mes promesses, je t'assure.

Il lance à Tyson un sourire étincelant avant de conclure :

– Maintenant, si tu veux bien m'excuser, je dois faire mes bagages.

Chapitre 12

Le triomphe des Tigres

Le bruit dans la salle passe de l'habituelle rumeur à un véritable rugissement quand l'équipe des Tigres au grand complet fait son entrée. Le docteur Morthouse sourit d'une oreille à l'autre. C'est le sourire le plus large et le plus aimable qu'il ait jamais arboré. Quelques gosses de première année se couvrent les yeux et le plus jeune d'entre eux se met à pleurer.

– Et voici les Tigres de l'École du Bosquet, champions de la division ! crie-t-il dans le micro. Une grande acclamation pour les Tigres et leur entraîneur, M. Bryant !

Le rugissement devient encore plus assourdissant. Sous son chapeau, l'entraîneur Bryant prend un teint de brique. Kristin s'avance et saisit le micro.

– Aujourd'hui la division, demain le monde ! lance-t-elle.

– Ouaaaais ! hurle Algie en sautant en l'air.

Il remarque le regard étonné de ses coéquipiers, sourit d'un air penaud et hausse les épaules. Puis il tapote la poche de sa chemise, côté cœur, et fait un clin d'œil à Tyson. Ce n'est qu'un geste symbolique, bien sûr. Il ne porte pas vraiment sa moitié de la formule sur lui, mais il l'a mise en lieu sûr. Tyson lui retourne son clin d'œil et fait un signe de tête. Puis il se redresse pour laisser les élèves de l'École du cimetière le baigner d'acclamations. Et il pense à sa part de la terrible formule qui repose innocemment dans sa cachette. Comme il a été facile de tromper l'entraîneur Sandman avec la fausse formule qu'ils ont élaborée. Il se demande combien de temps il faudra à Sandman – ou celui qui se faisait appeler ainsi – pour découvrir la supercherie. Tyson espère que ça lui prendra le restant de ses jours. Même si ce n'est pas le cas, il ne pense pas que Sandman osera revenir par ici. Il lève les bras en signe de victoire tandis que l'assemblée continue à les acclamer. Ils ont gagné. Il leur a fallu tout leur courage, toute leur énergie. Mais pas de potion à faire des zombies.

– Ouaaaais ! hurle-t-il. Ouaaaaais ! Les Tigres sont les rois du foot !

FIN

Crée ta propre histoire d'horreur en complétant ce qui suit !

Une équipe de monstres.

L'équipe de football de .... est fort étrange. Les joueurs sont tous d'horribles .... En les voyant monter sur le terrain, beaucoup de spectateurs se mettent à .... Il faut dire qu'ils ont des têtes de .... et que de loin, leur silhouette fait penser à .... Pour eux, tous les coups sont permis. Ils se ruent sur leurs adversaires et les .... tout en leur donnant des .... Si l'arbitre ose siffler, c'est lui qui se fait .... Leurs supporters sont pires encore ; dès le début du match, ils se transforment en .... et, quand ils perdent, ils .... les .... en hurlant et en bavant.

Vous comprenez maintenant pourquoi personne ne veut jouer contre cette équipe de .... !

Bussière Camedan Imprimeries
à Saint-Amand (Cher), France.
Dépôt légal : février 1999. N° d'imp. : 990756/1.